Rose Marie Donhauser

ROHKOST
Rezepte aus dem Paradies

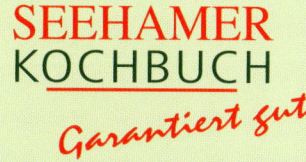

Inhalt

Alles roh? Natürlich!	4

Zum Trinken und Löffeln	10
Zum Dippen und Tunken	28
Da haben Sie den Salat!	54
Rohkosten rund um die Welt	80
Süße Rohkost-Leckereien und Desserts	110

Anhang	128
Menü-Vorschläge	130
Glossar	132
Rezept-Register	135

Alles roh? Natürlich!

Rohkost für Feinschmecker!

Wer nur an den Biss in die Möhre, an das Knabbern einer Selleriestange denkt, weiß nicht, wie vielseitig Rohkost ist ... In diesem Buch finden Sie kreative, ungewöhnliche, internationale und aufregende Rezepte: Gedippt und gedopt mit würzigen Begleitern – da sagt keiner Nein! Genau diesen paradiesischen Genuss wollen wir Ihnen mit unserer Sammlung von mehr als 160 Rohkost-Rezepten empfehlen, zusätzlich dekoriert mit Varianten und garniert mit Tipps.

Ein kunterbuntes Treiben aller Farben, optisch auch eine Wohltat für die Seele, mit Zutaten aus allen Teilen der Welt, überwiegend aber mit regionalen und saisonalen Lebensmitteln aus biologisch-organischem Anbau. Ob gemixt, gerollt und gewickelt, ob püriert, vermengt oder drappiert – bei dieser Rezeptauswahl findet jeder „seinen Hang zum Grünen". Auch wenn Sie kein überzeugter Rohköstler sind, so werden Sie sicherlich zwischendurch, ab und an, vielleicht mehrmals die Woche oder sogar einmal am Tag den Wunsch verspüren, ihrem Körper einfach pure Natur zu gönnen. Und noch dazu ohne großen Aufwand beim Zubereiten Ihrer Mahlzeit.

Heute bleibt die Küche kalt ...

... und das im wahrsten Sinne des Wortes: Denn hier kommt in der Regel nur Rohes auf den Teller. Kein Hantieren am Herd, kein übermäßiges Abwaschen, sondern einfach nur purer Genuss! Rohkost zu genießen heißt, dass die verwendeten Zutaten keinem Garvorgang und keiner Fermentation unterzogen werden. Natürliche Lebensmittel vom Bauern- oder Wochenmarkt, vom Reformhaus, vom Naturkostladen oder vom Supermarkt sollten der Frische wegen nicht lange gelagert werden, quasi vom Einkaufskorb heraus direkt Verwendung finden. Da heißt es dann: Putzen, verlesen, waschen, trockenschütteln, eventuell schälen oder abzupfen und das Rohprodukt liegt verwendungsbereit auf der Arbeitsplatte. Geschnipselt, geraspelt, gewürfelt, püriert, geschnitten und vermengt mit Aromaten aus der Kräuter- und Gewürzkiste. Das Ergebnis sind Gerichte mit einer solch großen Vielfalt an Würze, Geschmack und Präsentationsmöglichkeiten, dass einem „Augen und Mund" offen stehen bleiben.

Ein leichtes Erwärmen oder Trocknen der Zutaten ist bis zu einer Temperatur von 42,5 °C erlaubt, denn das ist genau die Temperaturgrenze, bis zu der wertvolle Enzyme, Vitamine und Mineralstoffe erhalten bleiben. Der Backofen darf jedoch auf 45 °C aufgeheizt werden, denn die Kerntemperatur des zu erwärmenden Guts übersteigt damit nicht die empfohlene Temperatur. Falls etwas im Topf erwärmt wird, sollte die Flüssigkeit nur etwa handwarm sein. Am besten, Sie benutzen ein Thermometer, um ganz sicher zu gehen.

Wie schmeckt Natur?

In Schulen gibt es mittlerweile Degustationskurse für Kinder, die „Blinde Kuh" mit rohen Lebensmitteln spielen dürfen. Zuviel Fertigprodukte, in denen so genannte „naturidentische Aromen", also künstliche Aromazusätze, unsere Geschmacksnerven beinahe schon betäuben, haben Auswirkungen auf die natürliche Sensibilität unserer Geschmacksnerven. Kinder lernen in diesen Kursen zum Beispiel, den Geschmack einer Salatgurke, eines Zucchino oder einer Möhre zu beschreiben. Es lohnt sich auch für Erwachsene, hin und wieder pure Natur zu genießen!

Sinnliches Essvergnügen

Natürliche Lebensmittel sind etwas Wunderbares und vor allen Dingen gesund. In diesem Buch sind viele Rezeptvorschläge, die Sie individuell präsentieren und somit Ihr eigenes sinnliches Esserlebnis zelebrieren können. Farblich abgestimmt, vielleicht auf die Farbe rot, grün, gelb oder eine kunterbunte Mischung. Wie wäre es, die verschiedenen Süppchen in Sektgläsern zu servieren? Rot wie Rote Bete, orange wie Tomaten-Orangen-Süppchen und grün wie Brokkoli oder Rucola. Verschiedene Platten mit „Naschzeug" aus dem Kapitel „Dippen und Tunken" optisch und farblich auszuwählen: Wie etwa Kohlrabi mit Bananenmus, Romanesco mit Currysauce, Orangenfilets mit Erdnusspaste oder Mandel-Pflaumen mit Ingwersauce. Den Tisch zusätzlich je nach Saison mit Rosenblättern, Veilchen oder Chrysanthemenblüten dekorieren. Es können auch verschiedene Nüsse, Keimlinge oder auch Gewürze wie getrocknete Lorbeerblätter, Sternanis, Zimtstangen oder Muskatnüsse auf dem Tisch verteilt sein. Erleben Sie Natur pur, lassen Sie Ihre Gäste schnuppern, tasten, probieren und freuen Sie sich an der Fülle der Zutaten, die alle Sinne ansprechen.

Freude am Genuss

Wir erheben mit diesem Thema bestimmt nicht den Zeigefinger, um schulmeisterhaft zu vermitteln, dass eine Rohkost-Ernährung das Non-Plus-Ultra sei. Der Anspruch bezieht sich vielmehr darauf, Ihnen Appetit auf „Mutter Natur" zu machen. Macht es vielleicht Spaß, sich zwischen Tiefkühler, Fertigprodukten und Mikrowelle zu bewegen, mit dem dauernden Unbehagen, dass doch viele lebensnotwendige Vitamine bei der ganzen Lagerung, Garung, Fermentation und durch industrielle Zusatzstoffe auf der Strecke bleiben? Hören Sie auf Ihren Körper und er wird Ihnen durch Signale wie Gelüste und Appetit genau anzeigen, was er braucht. Einen Schokoriegel oder einen wunderschönen Apfel? Ein Eis oder einen frisch zubereiteten saisonalen Obstsalat? Leider machen sich die durch falsche und einseitige Ernährung entstehenden Zivilisationskrankheiten, wie etwa Sodbrennen, ein angeknackstes Immunsystem, Völlegefühl, Bluthochdruck, erhöhter Cholesterinspiegel und Übergewicht, erst mit den Jahren so richtig bemerkbar. Der Spaß am Essen vergeht, wenn diese Gesundheitsstörungen auftreten. Doch eigentlich muss das nicht sein, wenn das Credo lautet: Nicht nur das Essen muss Spaß machen, sondern auch das anschließende Wohlbefinden. Machen Sie sich also einen Spaß daraus, zu beobachten, wie es Ihnen nach einem Teller kunterbuntem Salat oder nach einer Tafel Schokolade ergeht. Essen macht auch Spaß mit dem Bewusstsein, dass Sie mit der gewonnenen Energie anschließend „Bäume ausreissen" könnten.

Rohkost hält jung!

Länger jung – die richtige Wahl beim Essen und Trinken wirkt wie ein wahrer kulinarischer Jungbrunnen. Die Aussage „Du bist, was du isst!" verweist auf den engen Zusammenhang zwischen Ernährung und Wohlbehagen. Knackig wie ein Spargel oder teigig wie ein Semmelknödel? Vitamin gepowert mit der Frische der Natur oder pappsatt mit Mehlspeisen? Pure Natur, nicht behandelt und verarbeitet, erzeugt ein vitales Wohlgefühl und verjüngt dadurch in gewisser Weise. Auch Weisheiten wie „an apple a day, keeps the doctor away" (ein Apfel am Tag erspart den Doktor) zeigen immer wieder, wie wichtig es ist, im Einklang mit der Natur zu leben. Ernstzunehmende Ernährungswissenschaftler empfehlen, dass zu unserer täglichen Ernährung ein hoher Anteil an Rohkost gehören sollte. Denn normalerweise ernähren wir uns zu reichlich mit Eiweiß, zu viel Fett und vor allem mit zu vielen Kalorien, aber mit einem viel zu geringen oder gar keinem Anteil unbehandelter und roher Nahrungsmittel. Normalerweise wird Rohkost bei Gewichtsproblemen oder als vorübergehende Heilnahrung für chronische Erkrankungen als Diätnahrung emp-

fohlen. Und tatsächlich werden einige Patienten durch den Erfolg ihrer Genesung dauerhafte Rohköstler. Sie fühlen sich gut und erkennen, was Nahrung in ihrem Körper bewirkt. Auch im Darm vollzieht sich eine Art Verjüngung bei Rohkost-Ernährung. Normalerweise erfüllt die reiche Bakterienflora, die den Darm besiedelt, die Aufgabe, bei der Verdauungsarbeit mitzuhelfen und bestimmte Vitamine bereitzustellen. Doch bei der heutigen Ernährung ist dies nicht immer gewährleistet beziehungsweise relativ selten. Nur vitaminreiche, gesunde und somit rohe Lebensmittel können ihren Anteil an der Verdauungsarbeit im Darm leisten.

Die „grüne Welle" schwappt über

Ursprünglich bevorzugten vor allem Vegetarier Rohkost. Das hat sich längst geändert und immer mehr Feinschmecker lieben es, frisches Obst und Gemüse zu genießen – vor allem, wenn damit nicht nur geraspelte Möhren oder einfallsloser Salat gemeint ist!

Der Begriff „Vegetarian" wurde im Jahre 1842 von englischen Anhängern dieser Ernährungsform festgelegt, da sie die Bezeichnungen „Gemüsekost" oder „fleischlose Kost" für unzureichend und teilweise irreführend hielten. Der Hauptgedanke bei dieser Wortkreation war der, dass sie durch den lateinischen Ausdruck „homo vegetus" – ein geistig und körperlich starker Mensch – ihre angestrebte Lebensweise versinnbildlichen wollten. Heutzutage wird eine vegetarische Ernährungsweise von immer mehr Menschen übernommen, sei es, dass sie es aus ethisch-moralischen Gründen tun oder dass sie glauben, es sei besser für ihr Wohlbefinden.

Rohkost – nach Lust und Laune ...

Muss man sich auf etwas festlegen? Kann man oder will man sich auf die Dauer ausschließlich mit Rohkost ernähren? Das können nur Sie ganz alleine für sich bestimmen, in Absprache mit Ihrem Arzt oder in Anlehnung an Ihre individuellen Bedürfnisse. Vielfach ist Kritik herauszuhören, wenn sich Menschen, egal womit, einseitig ernähren. Hier könnte man den allseits beliebten Mittelweg vorschlagen: Von allem etwas, von nichts zuviel! So hat man alle Bereiche abgedeckt und Mangelerscheinungen können erst gar nicht auftreten. Dieses Buch hat etwas Salomonisches an sich: Es fordert zum einen auf, mehr Rohkost zu essen und somit den Grenzgang oder Mittelweg einzuschlagen: Bereichern Sie Ihren täglichen Speisezettel mit mindestens einem Rohkost-Gericht und Ihr Körper wird es Ihnen danken. Zum anderen möchten wir allen, die sich ausschließlich von Rohkost ernähren, neue Rezepte vorstellen. Ein chinesisches Sprichwort sagt:

> **Wer Gemüse isst, wird stark,**
> **wer Fleisch isst, wird tapfer,**
> **wer Reis isst, wird weise,**
> **wer Luft isst, wird heilig**

Wie auch immer: Wenn Sie auf der Suche nach Abwechslung und neuen Genüssen sind, ist die Rezeptauswahl in diesem Buch genau richtig für Sie!

Grün macht lustig und gesund

Hier eine kleine Erkundungsreise durch die Welt der Inhaltsstoffe von Obst und Gemüse:

Allicin Vor allem in Zwiebelgewächsen vorhanden. Es wirkt antibakteriell (Knoblauch, Chili) und hemmt die Blutgerinnung.

Ascorbinsäure Als Vitamin C bekannt. Ist reichlich in roten Paprikaschoten, Zitrus- und Kiwifrüchten vorhanden. Es stärkt die Immunabwehr, verhindert dadurch Zellschädigungen und wirkt antioxidativ.

Carotinoide Sie finden sich vor allem in Möhren, Mangos, Aprikosen, aber auch in Spinat und Grünkohl. Es gibt viele tausend verschiedene Carotinarten, wobei das Beta-Carotin, eine Vorstufe des Vitamin A, das Bekannteste ist. Vitamin A ist sehr wichtig für das Wachstum, gesunde Haut, Augen, Schleimhäute und Zahnfleisch.

Folsäure Wichtig für die Zellteilung und Zellneubildung, insbesondere der roten und weißen Blutzellen. Folsäure verhindert gewisse Formen der Anämie. Weißkohl, Tomaten, Vollkorn und Spinat sind zu empfehlen.

Phenolsäuren Fast im ganzen Pflanzenbereich vorhanden, vermehrt allerdings in Weiß- und Grünkohl sowie in Radieschen. Sie wirken krebsvorbeugend und antimikrobiell.

Phytosterine In Sesamsaat und Sonnenblumenkernen vertreten; sie senken den Cholesterinspiegel und wirken krebsvorbeugend.

Vitamin E Für den Zellschutz verantwortlich und die roten Blutkörperchen schützend. Gute Vitamin-E-Versorger sind zum Beispiel Schwarzwurzeln und Weizenkeimöl.

Vitamin K Beispielsweise für die Blutgerinnung zuständig. Tomaten, verschiedene Kohlsorten und alle grünen Gemüse fungieren als Vitamin-K-Lieferanten.

Mehrmals die Woche einkaufen

Die Öffnungszeiten von Geschäften machen es zunehmend einfacher, täglich oder zumindest jeden zweiten Tag auch abends oder zwischendurch frisch einzukaufen. Oder nutzen Sie einfach die Mittagspause, um schnell etwas beim Obst- und Gemüsestand oder auf dem Markt auszuwählen. Wer roh genießt, will auch die Frische genießen! Da bekommt kein Salat eine längere Verweildauer im Kühlschrank als zwei bis drei Tage – maximal. Für die entsprechende Lagerung von frischem Obst und Gemüse sind die Tage gezählt. Gesunde Ernährung bedeutet auch, sich um „Frische-Nachschub" entsprechend zu kümmern. Kaufen Sie

daher nicht zuviel auf einmal ein, denn das „schlechte Gewissen" lässt sie sonst möglicherweise überlagerte oder ausgelaugte Produkte essen.

Das bunte Repertoire richtig lagern

Gurken können Äpfel nicht riechen oder warum Obst und Gemüse keine guten Nachbarn sind: So knackig waren die Gurken, zum Reinbeißen die Äpfel, die Sie gestern zusammen in die Obstschale gelegt haben. Ein prächtiges Bild. Und heute? Schlaff und runzlig liegen die Gurken da. Ein Jammer! Wer kann auch ahnen, dass Gurken die Äpfel partout nicht „riechen" können? An der TU München konnte in den letzten Jahren nachgewiesen werden, dass bei gemeinsamer Lagerung von Früchten und Gemüsen die Haltbarkeit der Gemüse fast immer negativ vom Obst beeinflusst wird. Der Übeltäter ist das farblose Gas Äthylen, das vor allem von reifen Früchten in größeren Mengen ausgeht und den Stoffwechsel von Gemüse erheblich beschleunigt. Die Folgen: Vergilben – Verwelken – verfrühte Fäulnis.

Unsere Tipps für die richtige Lagerung von frechen Früchtchen und knackigen Gemüsen:
Sie sollten vermeiden, dass **Tomaten** neben **Salatgurken** lagern. Die Gurken vergilben und altern schneller.
Äpfel mit **Gurken** passen auch nicht zusammen, die Gurken werden schnell matschig.
Möhren mit **Äpfeln**, **Paprika** oder **Tomaten**: Die Möhren werden bitter!
Tomaten zusammen mit **Kohlarten**: Die Geschmacksstoffe des Kohls lagern sich in der Wachsschicht der Tomaten ein.
Kartoffeln neben **Tomaten**: Die Kartoffeln treiben schneller aus.
Dill und **Petersilie** sollten nicht neben **Tomaten** gelagert werden, denn die Kräuter welken so rascher.
Aber es gibt auch gute Nachbarn: Bei gemeinsamer Lagerung von **Äpfeln** mit **Blumenkohl** wird das Gemüse fester.
Gemüse oder Salate mit Strünken sollten mit diesen nach oben zeigend im Kühlschrank liegen. Denn vom Strunk aus sickert noch Restflüssigkeit nach unten über die Blätter. Würden die Strünke unten liegend gelagert sein, könnte diese Flüssigkeit schnell zu faulen beginnen und die Blätter oben wären trocken.

Das richtige Handwerkszeug

Die Rezepte in diesem Buch sind so ausgerichtet, dass Sie sich nicht unnötig in die Anschaffung von zusätzlichen Gerätschaften stürzen müssen. Für das feine Schneiden in Scheibchen, Stiften und Würfeln reicht ein sehr scharfes Messer. Für das Raspeln oder Raffeln und Hobeln genügt ein handelsüblicher Küchenhobel. Für das Pürieren wäre ein gut funktionierender Küchenmixer mit messerscharfen Klingen empfehlenswert. Das gleiche Ergebnis könnten Sie auch mit einem Zauber- oder Pürierstab mit entsprechend hohem Behältnis erzielen. Für das Hacken oder auch Wiegen von Kräutern eignet sich ein spezielles Wiegemesser. Für das Zerdrücken von Knoblauch ist eine Knoblauchpresse perfekt. Ein Mörser wird Ihnen mit dem Duft der ausströmenden ätherischen Öle der zermörserten Gewürze Recht geben, dass Gewürze nicht gleich Gewürze sind. Eine kleine Reibe für das Abreiben von Zitronen- oder Orangenschale und das Reiben von Muskatnüssen ist ebenfalls wichtig.

Der Backofen sollte mit einem Backgitter und einem Backblech für das Trocknen von Früchten, Brot und Kuchen ausgestattet sein. Für das Zerkleinern von Nüssen im Küchentuch ist ein Fleischklopfer ein nützliches Instrument. Fortgeschrittene Rohköstler kaufen sich eine Weizenmühle. Ein spezieller Dörrapparat für das Dörren von Früchten ist nicht zu überbieten.

Doch grundsätzlich gilt: Praxisorientiertes Zubereiten der Rohkostmahlzeiten sollte auch mit den handelsüblichen Gerätschaften in einer normalen Küche kein Problem sein.

In diesem Sinne: Lassen Sie sich von der bunten Rohkost-Vielfalt verführen und fühlen Sie sich dabei wunderbar!

Zum Trinken und Löffeln

Kornmüsli mit Früchten
LECKERES FRÜHSTÜCK

FÜR 2 PORTIONEN
5 EL geschrotete Körner (Weizen oder Amaranth)
1 TL Honig · Saft von ½ Zitrone
1 Banane · 1 Apfel
100 g Weintrauben (z. B. süße Sultanatrauben)

FÜR DIE GARNITUR:
50 g Mandelblättchen

1 Die Körner in einer Schüssel mit ¼ l kaltem Wasser anrühren und bei Zimmertemperatur etwa 10 Stunden stehen lassen.
2 Den fertigen Brei mehrmals durchrühren und mit Honig sowie mit Zitronensaft würzen. Die Banane schälen und in Scheibchen schneiden.
3 Den Apfel abwaschen, abtrocknen und grob raspeln. Die Trauben waschen, abtropfen lassen, abzupfen und je nach Größe ganz lassen oder halbieren.
4 Die Früchte unter den Brei mischen und alles in zwei Portionsschalen verteilen. Mit Mandelblättchen bestreuen.

ZUBEREITUNGSZEIT: 10 MINUTEN + QUELLZEIT: 10 STUNDEN

PROFITIPP Nach dem Genuss dieses Müslis können Sie Bäume ausreissen. Daher ist es zum Frühstück ideal oder nachmittags, wenn die Leistungskurve abfällt. Fürs Frühstück auf alle Fälle den geschroteten Weizen am Abend vorher anrühren.

WISSENSWERTES Ursprünglich hat der Schweizer Dr. Bircher-Benner in den 1960er-Jahren ein Gemisch aus geschroteten Getreidekörnern, Früchten, Nüssen, Samen, Milch und Honig als Nonplusultra in der gesundheitsbewussten Ernährung vorgestellt. Das Birchermüesli ist ein Markenprodukt. Doch seitdem heißt jede Mischung, egal ob mit zusätzlichem Zucker oder Schokolade Müsli. Richtig geschrieben heißt es in der Schweiz Muesli oder Müesli.

Zimtiges Apfelmus
WELCH EIN START IN DEN MORGEN!

FÜR 2 PORTIONEN
50 g Rosinen
100 ml Multivitaminsaft
2 große Äpfel
1 Banane
1 Msp. gemahlener Zimt

1 Die Rosinen mit Multivitaminsaft übergießen und 5 Minuten quellen lassen. Inzwischen die Äpfel abwaschen, abtrocknen, entkernen und in grobe Stücke schneiden.
2 Die Banane schälen und in kleinere Stücke schneiden. Alle Zutaten in den Küchenmixer geben und pürieren. Mit Zimt abschmecken und das Apfel-Bananen-Mus in zwei Portionsschalen verteilen.

ZUBEREITUNGSZEIT: 10 MINUTEN

VARIANTE Sie können anstatt Zimt – oder auch zusätzlich – das ausgeschabte Mark einer halben Bourbon-Vanilleschote sowie eine Gewürznelke mit in den Mixer geben. Die Wahl der Apfelsorte ist hier nicht unerheblich, denn die Geschmacksvielfalt ist groß. Ich würde Jonathan, Golden Delicious, Elstar oder Pink Lady bevorzugen.

WISSENSWERTES Bei Multivitaminsäften immer die Inhaltsliste auf der Flasche prüfen. Es soll reiner 100%iger Saft sein, ohne „naturidentische Aromen", die immer künstlich sind, und es darf kein Zuckerzusatz darin enthalten sein. In Reformhäusern, Bioläden und auch Apotheken bekommen Sie gute Qualität, die jedoch ihren Preis hat.

Obst im Roggenschrot

Müsli – und alles wird gut

Für 2 Portionen
5 EL geschroteter Roggen
Saft von ½ rosa Grapefruit
1 TL Honig
4 Aprikosen
250 g Süßkirschen

Für die Garnitur:
50 g gehackte Walnusskerne

1 Den Roggenschrot in einer Schüssel mit ¼ l kaltem Wasser verrühren und etwa 10 Stunden quellen lassen. Den fertigen Brei mit Grapefruitsaft und Honig verrühren.
2 Die Aprikosen waschen, entsteinen und klein würfeln. Die Süßkirschen waschen und nach Belieben gleich entsteinen. Den Roggenbrei mit den Früchten vermengen, in zwei Portionsschalen verteilen und mit Walnüssen bestreuen.

Zubereitungszeit: 10 Minuten + Quellzeit: 10 Stunden

Profitipp Sollten Sie jemals die Gelegenheit dazu haben, dann müssen Sie unbedingt die ersten Süßkirschen aus dem französischen Languedoc probieren. Es heißt, dass es die besten wären.

Wissenswertes Das rotkugelige Steinobst, die Kirsche, stammt ursprünglich aus Asien und ist mit etwa 400 Arten weltweit vertreten. Die roten „Obstbonbons" sind nicht nur mundgerecht und hocharomatisch, sondern liefern auch reichlich Vitamin C und Provitamin A, welches sehr gut für die Haut ist.
Bei uns sind Süßkirschen *(Prunus avium)* und Sauerkirschen *(Prunus cerasus)*, etwa Schattenmorellen, im Angebot.

Amaranth-Fruchtmüsli

Nachmittags powern!

Für 2 Portionen
100 g Amaranth-Müsli-Mischung
1 Apfel · 100 ml Multivitaminsaft
1 Orange · 1 Banane
100 g Himbeeren

1 Das Amaranth-Müsli in zwei große Müslischalen verteilen. Den Apfel waschen, trocknen, entkernen und auf einer Küchenreibe zum Müsli raspeln. Das Müsli mit dem Multivitaminsaft übergießen und 10 bis 15 Minuten quellen lassen.
2 Inzwischen die Orange schälen, dabei auch die weiße Haut entfernen und die Orangenfilets auslösen. Die Banane schälen und in Scheibchen schneiden. Die Himbeeren waschen und mit Küchenpapier trockentupfen.
3 Nach der Quellzeit die Orangenfilets sowie Bananenscheiben unter das Müsli mischen, jede Portion mit Himbeeren garnieren und sofort genießen.

Zubereitungszeit: 10 Minuten

Variante Wenn Sie Milchprodukte mögen: Das Müsli kann auch mit Joghurt oder Milch vermischt werden. Süße braucht es nicht mehr, weil das Amaranth-Müsli bereits mit Honig gesüßt ist. Zusätzlich können Sie frische Früchte der Saison wie Kiwi, Mandarinen, entsteinte Kirschen oder Weintrauben untermengen.

Wissenswertes Das Amaranth-Basis-Müsli enthält keine Nüsse und Früchte, dafür neben Amaranth viel Leinsaat und Sesam. Amaranth ist kein Getreide, sondern eine weltweit verbreitete einjährige krautige Pflanze. Die Blätter werden in Südostasien, Süd- und Mittelamerika sowie in Afrika als Gemüse verwendet. Einige Arten werden vor allem in Mittel- und Südamerika auch als Körnerfrucht angebaut. Die winzig kleinen Körner sind gut im Biss und sehr beliebt in der biologischen Vollwertküche. Der hohe Gehalt an Magnesium, Kalzium, Eisen und Eiweiß ist speziell hervorzuheben. Amaranth ist glutenfrei.

Zum Trinken und Löffeln

Stachelbeertrunk mit Ingwer

LEICHT PIKANT UND UNGLAUBLICH SÜFFIG!

FÜR 2 PORTIONEN
250 g Stachelbeeren
etwa 1 cm Ingwerwurzel
1 Banane
Saft von 1 Orange
1/8 l Mineralwasser
1 TL Honig
20 g Mandelmus (Reformhaus)
1 Msp. Currypulver · weißer Pfeffer

FÜR DIE GARNITUR:
2 Orangenscheiben oder frische Chilischoten

1 Die Stachelbeeren entstielen und waschen. Den Ingwer schälen und zerkleinern. Die Banane schälen und in grobe Stücke schneiden.
2 Diese Zutaten mit Orangensaft, Mineralwasser, Honig und Mandelmus kräftig aufmixen und pürieren. Mit Currypulver und Pfeffer leicht würzen und in zwei hohe Gläser füllen. Je eine Orangenscheibe oder Chilischoten an den Glasrand stecken.

ZUBEREITUNGSZEIT: 10 MINUTEN

VARIANTE Fügen Sie dem Saft noch ein paar in Multivitaminsaft eingeweichte Rosinen oder Dattelstückchen zu. Je vielfältiger, desto gesünder. Wer noch Schärfe vermisst, rührt einfach eine Prise Chilipulver oder etwas gehackte frische Chilischote unter.

WISSENSWERTES In der Rohkostküche wird zum Süßen ausschließlich das Naturprodukt Honig verwendet. Nicht so strenge Rohköstler oder eben kulinarische Grenzgänger könnten auch Ahornsirup an der Stelle von Honig verwenden. Roher Ahornsaft wird nach dem Anbohren von Ahornbäumen abgezapft, dann gekocht, geklärt und abgefüllt. Im Schnitt gewinnt man aus etwa 40 Liter Ahornsaft nur knapp 1 Liter Ahornsirup.

Orangen-Melonen-Drink

MIT MANDELN UND VANILLE GEWÜRZT

FÜR 2 PORTIONEN
2 unbehandelte Orangen
250 g Melonenfruchtfleisch (z. B. Cantaloupe)
100 ml heller, ungesüßter Traubensaft
1 EL Mandelmus (Reformhaus)
1 Msp. frisches Vanillemark (Bourbon)

FÜR DIE GARNITUR:
2 EL Mandelstifte oder etwas Zitronenmelisse

1 Die Orangen heiß waschen, fest trockenreiben und die Schale spiralförmig abschälen. Das Orangenfruchtfleisch mit Melonenfruchtfleisch, Traubensaft, Mandelmus und Vanillemark im Küchenmixer pürieren und schaumig aufmixen.
2 Je eine Orangenspirale in ein Glas hängen und mit dem Mix aufgießen. Mit Mandelstiften bestreut und Zitronenmelisse garniert servieren.

ZUBEREITUNGSZEIT: 15 MINUTEN

VARIANTE Dieser Fruchtmix schmeckt als Variante auch gut mit 100 ml Kefir, 100 g Vollmilchjoghurt oder 100 g saurer Sahne; dazu noch ein paar Zitronenmelisse- oder Korianderblättchen.

WISSENSWERTES Orangen haben vor etwa 400 Jahren ihren Weg von Südostasien über die arabischen Länder nach Europa gefunden. Im Arabischen heißen sie *narandj*, lateinisch *citrus cinensis*. Ein Verweis auf ihre Herkunft steckt in ihrem zweiten deutschen Namen: Apfelsine – Apfel aus China. Das Stammwort *narang* heißt übersetzt bitter und deutet auf die bitter schmeckenden Vorfahren unserer heutigen süßen Orange hin. Die heutzutage angebotenen Sorten, mit oder ohne Kerne, saftig-süß, herb oder zurückhaltend süß, klein oder groß – man sollte sie alle probieren, um seine Lieblingssorte herauszufinden. Blutorangen sind ein kleines Segment innerhalb der Familie der orangefarbigen fruchtfleischigen Zitrusfrüchte. Aus Sizilien kommen die Moro-Blutorangen, unbedingt probieren!

ZUM TRINKEN UND LÖFFELN

Ananas-Powermix
Schluck für Schluck ein Genuss

Für 2 Portionen
1 Babyananas
1 kleine, saftige Mango
50 ml Multivitaminsaft

Für die Garnitur:
2 EL ungesüßte Kokosraspel

1 Die Ananas schälen, den Strunk entfernen und das Fruchtfleisch grob zerschneiden. Die Mango schälen und das Fruchtfleisch vom Stein lösen.
2 Die Früchte mit dem Multivitaminsaft kräftig aufmixen und pürieren. Den Saft in zwei hohe Gläser füllen, mit Kokosraspel bestreut servieren.

Zubereitungszeit: 10 Minuten

Variante Je nach Gusto Ihren Obstvorrat (oder Früchte, die einer positiven Resteverwertung zur Verfügung stehen) zu schaumigem Saft aufmixen. Bei Lust auf Süßes etwas Honig mitmixen. „Nussige Typen" können ihren Saft mit Mandel-, Erdnuss- oder Haselnussmus (erhältlich in 20-g-Portionsschälchen im Reformhaus) verfeinern.

Wissenswertes Schnuppern Sie beim Kauf einer Ananas an der Frucht. Sie muss süß duften, keinesfalls leimartig oder muffig. Lösen sich die inneren Blättchen des Blattschopfes, so ist die Ananas reif. Fassen Sie die Frucht auch rundherum an und betrachten Sie die Schnittstelle am unteren Ende der Frucht. Sie darf nicht zu weich, aber auch nicht zu fest sein. Ananas nicht unter 7 °C und auch nicht im Kühlschrank lagern.

Tomaten-Bananen-Trunk
Harmonische Liebschaft

Für 2 Portionen
½ Bund Schnittlauch
1 Blutorange
4 Strauchtomaten
1 Banane
1 TL Paprika- oder Tomatenmark
100 ml Multivitaminsaft
½ TL Olivenöl
Selleriesalz · schwarzer Pfeffer

1 Schnittlauch waschen und in Röllchen schneiden. Die Blutorange schälen, klein schneiden und eventuell entkernen.
2 Tomaten waschen und klein schneiden. Banane schälen und in Scheiben schneiden. Die Zutaten mit Paprika- oder Tomatenmark, Multivitaminsaft und Olivenöl im Mixer pürieren.
3 Den Saft mit Selleriesalz und Pfeffer würzen und mit den Schnittlauchröllchen verrühren. Den Tomaten-Bananen-Trunk in zwei hohe Gläser füllen und genießen.

Zubereitungszeit: 15 Minuten

Profitipp Anfang des Jahres, leider nur kurz im Januar/Februar kommen die wohlschmeckenden Blutorangen, die Moro-Orangen aus Sizilien, zu uns. Unbedingt probieren! Ansonsten gibt es das ganz Jahr hindurch Orangen. Man unterscheidet Winterorangen, die von November bis Juni aus Italien, Spanien, Marokko und Israel importiert werden, und Sommerorangen, die von Juni bis November aus den USA, Südafrika und Südamerika zu uns kommen.

Wissenswertes Speiseöl bleibt bei normaler Temperatur nur deshalb flüssig, weil durch die pflanzliche Herkunft die wichtigen, die essentiellen einfach oder mehrfach ungesättigten Fettsäuren, zumeist überwiegen (Ausnahme Palm- und Kokosfett). Bei tierischen Fetten überwiegen die gesättigten Fettsäuren und machen es dadurch fest. Vielleicht haben Sie in Saftbars schon beobachtet, dass immer ein Tropfen Öl (meist Olivenöl) unter den Fruchtsaft gemischt wird. Dadurch werden Vitamine und Duftstoffe besser gelöst.

Melonenmus mit Papaya

Löffel Dir einen!

Für 2 Portionen
1 saftige Netzmelone
1 TL Mandelmus (Reformhaus)
1 kleine saftige Papaya
Nach Belieben: 1 Msp. gemahlener Zimt

Für die Garnitur:
einige frische Minzeblättchen

1 Die Melone halbieren und entkernen. Die Hälfe des Fruchtfleisches mit einem Kugelausstecher auslösen. Fruchtreste so herausschneiden, dass die Melonenhälften schön ausgehöhlt sind.
2 Das Melonenfruchtfleisch (nicht die Melonenkugeln) mit dem Mandelmus pürieren. Die Papaya schälen, die Kerne herauslösen und das Fruchtfleisch in kleine Stücke schneiden.
3 Melonenkugeln und Papayastücke in die Melonenhälften füllen. Mit soviel Melonenmus löffelweise überziehen, bis die Hälften gefüllt sind. Restliches Melonenmus vernaschen! Nach Belieben die gefüllten Melonenhälften mit Zimt bestäuben. Die Minzeblättchen waschen, trockenschütteln, in Streifen schneiden und darüber streuen.

Zubereitungszeit: 15 Minuten

Profitipp In diesen Melonenhälften, die auch optisch schön was hermachen, steckt Power pur! Sie sind also ideal für den Morgenstart, oder um sie bei einem Tief am späten Vormittag oder am Nachmittag auszulöffeln.

Variante Wenn Sie auch Milchprodukte mögen: Melonenfruchtfleisch schmeckt sehr gut im Mix mit Vollmilchjoghurt.

Wissenswertes Eine frische Melone muss sich schwer anfühlen. So wie ein Behältnis, gefüllt mit Wasser. Der Wasseranteil bei Melonen liegt bei über 95 %. Schnuppern Sie beim Einkauf auch an den Melonen: Süßlich, frisch-fruchtig müssen sie riechen, dann schnell ab in den Einkaufskorb.

Fruchtiges Hafer-Müsli

Der Tag kann kommen ...

Für 2 Portionen
100 g Hafer
(fein geschrotet oder als Flocken)
2 EL gehackte Haselnusskerne
1 EL Honig
100 ml Orangensaft
1 Banane
1 Birne
100 g Sultanatrauben

Nach Belieben:
gemahlener Zimt und ausgeschabtes
Bourbon-Vanillemark

1 Den Hafer in zwei Müslischalen verteilen und mit jeweils 1 Esslöffel Haselnüsse vermengen. Den Honig mit dem Orangensaft verrühren und über das Müsli gießen.
2 Die Banane schälen und in Scheiben schneiden. Die Birne schälen, entkernen und in dünne Spalten schneiden. Die Weintrauben entstielen und waschen.
3 Das vorbereitete Obst in die beiden Müslischalen verteilen. Nach Belieben mit gemahlenem Zimt und Vanillemark bestreuen.

Zubereitungszeit: 10 Minuten

Variante Dieses Müsli lässt sich mit Fantasie nach individuellen Vorlieben ergänzen: zum Beispiel mit fein gehackten getrockneten Aprikosen, mit Nüssen, Rosinen oder frischen Feigen.

Wissenswertes Es gibt weiße und blaue Weintrauben in unterschiedlichen Sorten. Zum Frischessen sind Sultana, Almeria, Muskateller und Alicante besonders beliebt. Außerdem gibt es spezielle Sorten für die Weinherstellung sowie Trauben zum Trocknen (Rosinen). Weintrauben zum Frischessen sind meist Importware, weil sie in wärmeren Ländern süßer gedeihen.

Zum Trinken und Löffeln

Tomaten-Pepino-Shake

Mal ganz etwas anderes

Für 2 Portionen
1 Pepino (etwa 300 g) · Saft von ½ Zitrone
10 Cocktailtomaten · 1 Mango
je 1 Msp. edelsüßes und rosenscharfes Paprikapulver
1 Msp. gemahlener Ingwer · 1 Msp. gemahlener Zimt

Für die Garnitur:
1 Selleriestange
2 EL gehackte Walnusskerne

1 Die Pepino schälen, vierteln und die Samenkammern herauslösen. Das Fruchtfleisch auslösen und mit dem Zitronensaft in den Mixer geben.
2 Cocktailtomaten waschen, halbieren und in den Mixer geben. Die Mango schälen, das Fruchtfleisch vom Stein lösen und zusammen mit den übrigen Zutaten und den Gewürzen im Mixer pürieren und kräftig zu Saft aufmixen.
3 Den Saft in zwei hohe Gläser füllen. Die Selleriestange putzen, von vorhandenen Fäden befreien, waschen und quer halbieren. Je eine Hälfte in ein Glas geben und zum Umrühren und Knabbern verwenden. Zusätzlich den Shake mit Walnüssen bestreuen.

Zubereitungszeit: 10 Minuten

Variante Es passen auch ein Stück Salatgurke, Apfel, Banane oder Papaya in den Muntermacher-Shake. Oder Sie haben überreife, restliche Früchte, die Sie mit reinmixen möchten? Mit einem Stück Pfefferschote bekommt der Shake noch mehr Schärfe. Mischen Sie einfach drauf los!

Wissenswertes Pepino ist auch als Birnenmelone bekannt. Sicherlich aus dem Grund, weil das süße, gelbliche Fruchtfleisch geschmacklich zwischen Birne und Melone anzusiedeln ist. Die Pepino kommt aus Südamerika, Chile, Kolumbien und aus Neuseeland. In gut sortierten Supermärkten entdeckt man sie mittlerweile immer häufiger.

Pitahaya-Mango-Drink

Richtig schön exotisch

Für 2 Portionen
4 Pitahaya
1 Mango
2 Orangen
1 Banane

Für die Garnitur:
4 Physalis

1 Pitahaya halbieren und das Fruchtfleisch in den Küchenmixer geben. Die Mango schälen und das Fruchtfleisch vom Stein abschneiden.
2 Die Orangen schälen, dabei auch die weiße Haut entfernen und das Fruchtfleisch klein schneiden. Die Banane schälen und halbieren.
3 Die vorbereiteten Zutaten im Küchenmixer pürieren und kräftig aufmixen. Den Saft in zwei hohe Gläser füllen. Nach Belieben je 2 Physalis an den Glasrand stecken.

Zubereitungszeit: 10 Minuten

Variante Der Saft kann zusätzlich mit Kokosnusssirup oder Honig gesüßt oder mit Eiswürfeln und – wenn Sie Milchprodukte mögen – etwas Vollmilchjoghurt variiert werden.

Wissenswertes Ob die ovalen bis eiförmigen, gelben mit warzenartigen Auswüchsen und Wülsten oder die roten mit der glatten Haut – Pitahaya sind vor allem in asiatischen Geschäften zu bekommen, aber auch in sehr gut sortierten Lebensmittelabteilungen von Kaufhäusern. Das einzigartige Aroma dieser Früchte wird Sie zum Wiederholungstäter werden lassen, zumal die süßen Früchtchen mit Vitamin B und C gesponsert sind. Sie wirken zudem sehr verdauungsfördernd. Anbaugebiete sind die Subtropen, Tropen, Kolumbien und Südamerika.

Sommertraum-Cocktail
... WECKT DIE LEBENSGEISTER

FÜR 2 PORTIONEN
2 saftige Pfirsiche
150 g Pflaumen
100 g Erdbeeren
100 ml Orangensaft
1 TL Olivenöl

FÜR DIE GARNITUR:
4 bis 6 schöne Basilikumblättchen,
in Streifen geschnitten

1 Das gesamte Obst waschen. Die Pfirsiche klein schneiden. Die Pflaumen entsteinen und die Erdbeeren entstielen.
2 Das vorbereitete Obst mit dem Orangensaft und dem Olivenöl im Küchenmixer zu Saft pürieren und aufmixen. In zwei hohe Gläser füllen und mit Basilikumstreifen garnieren.

ZUBEREITUNGSZEIT: 10 MINUTEN

PROFITIPP Öl – am besten sogar Olivenöl, wegen des guten Geschmacks – ist zur Aufschlüsselung der fettlöslichen Vitamine A, D, E, K und somit als Beigabe immens wichtig. Schon ein Tropfen Öl pro Glas setzt diesen Vitamin-Katalysator frei.

WISSENSWERTES Noch etwas Cayennepfeffer über die beiden Saftgläser: So wird der Kreislauf angekurbelt und die Verdauung in Schwung gebracht. Die Durchblutung wird gefördert und eventuelle Blähungen beruhigen sich. Oder lieber etwas gemahlenen Ingwer? Dieser beruhigt Reizhusten, wirkt entzündungshemmend und stimuliert auch den Kreislauf.

Dschungel-König-Mix
EXOTISCHE FRÜCHTE MIT KOKOSMILCH

FÜR 2 PORTIONEN
1 Babyananas
1 Kiwi
1 Banane
¼ l ungesüßte Kokosnussmilch
1 EL Honig

FÜR DIE GARNITUR:
2 EL Kokosnussraspel

1 Die Ananas schälen, den Strunk entfernen und das Fruchtfleisch klein schneiden. Die Kiwi schälen und vierteln. Die Banane schälen und in kleinere Stücke schneiden.
2 Die vorbereiteten Zutaten mit der Kokosnussmilch sowie dem Honig im Küchenmixer pürieren und zu Saft aufmixen.
3 Den Saft in zwei hohe Gläser füllen und mit Kokosnussraspel bestreuen.

ZUBEREITUNGSZEIT: 10 MINUTEN

VARIANTE Auch andere Früchte wie Cherimoya, Curuba, Datteln oder frische Feigen schmecken als Variante sehr gut. Wenn Sie mögen, einen Schuss Milch, etwas Vollmilchjoghurt oder gesüßten Kokosnusssirup unter den Fruchtmix geben.

WISSENSWERTES Die Ananas gehört mit ihrem süß-saftig aromatischen Fruchtfleisch zu den beliebtesten unter den exotischen Früchten. Nicht zuletzt, weil die speziellen Enzyme der Ananas als fettabbauend bekannt sind. 100 g Ananasfruchtfleisch hat nur 56 kcal und ist reichlich mit den Vitaminen A und C bestückt, aber auch mit Eisen und Calcium.

Melonensüppchen

Für heisse Tage genau richtig

Für 2 Portionen
2 Cantaloupe-Melonen
1 TL Honig
20 g Mandelmus (Reformhaus)

Für die Garnitur:
50 g Mandelstifte

1 Eine Melone halbieren, entkernen und das Fruchtfleisch mit einem Kugelausstecher auslösen. Restliches Fruchtfleisch so herauslösen, dass die Melonenhälften innen glatt sind.
2 Die zweite Melone schälen, die Kerne entfernen und das Fruchtfleisch mit Honig und Mandelmus aufmixen.
3 Die Hälfte des Melonensaftes in zwei Gläser füllen. Den Rest mit den Melonenkugeln vermischen und in die Melonenhälften füllen. Mit Mandelstiften bestreuen und sofort servieren.

Zubereitungszeit: 15 Minuten

Profitipp Nehmen Sie Angebote des Tages wahr, süße Melonen erkennen Sie am Duft. Beim Klopfen sollte eine reife Melone wegen des hohen Wassergehaltes dumpf klingen. Alte Melonen haben an Wasser verloren und klingen hohl. Nehmen Sie eine Melone Ihres Geschmacks, egal ob Honig-, Zucker-, Galia-, Charentais-, Cavaillon- oder Netzmelone.

Variante Beim Würzen können Sie auch eine pikantere Variante, zum Beispiel mit gemahlenem Ingwer, Koriander, Pfeffer oder Zimt, wählen.

Wissenswertes Marco Polo war ein großer Liebhaber von getrockneten Melonenscheiben. In seinem Logbuch notierte er: Diese sonnengetrockneten Melonenscheiben schmecken süßer als Honig …

Tomaten-Orangen-Suppe

Würzig und gut!

Für 2 Portionen
4 Stängel Koriandergrün
500 g Strauchtomaten
1 Knoblauchzehe
1 Schalotte
Saft von 1 Orange
Salz
schwarzer Pfeffer
1 Prise gemahlene Muskatblüte (Macis)

Für die Garnitur:
4 getrocknete Aprikosen

1 Koriandergrün waschen, trockentupfen, die Blättchen von den Stängeln zupfen und fein hacken. Strauchtomaten waschen und grob zerschneiden. Die Knoblauchzehe und die Schalotte schälen und halbieren.
2 Alle Zutaten kräftig aufmixen und pürieren. Mit Salz, Pfeffer und Muskatblüte würzen und in Suppenschalen verteilen. Die Aprikosen sehr fein würfeln und darüber streuen.

Zubereitungszeit: 20 Minuten

Variante Wenn Sie nicht nur reine Rohkost mögen: Diese fruchtige Suppe lässt sich gut mit saurer Sahne, Vollmilchjoghurt und Crème fraîche variieren und zusätzlich mit Chilipulver, Cayennepfeffer und Zimt aromatisieren.

Wissenswertes Muskatblüte oder Macis ist nicht wie vielfach angenommen die Blüte der Muskatnuss, sondern der fleischige Mantel, der die Nuss umhüllt. Sobald die Frucht reif ist, springt diese auf und der Samenmantel wird sichtbar. Diese orange-rote Haut ist sehr aromatisch und schmeckt süßlich-bitter bis würzig-scharf. Man kann sie im Ganzen oder gemahlen kaufen. Ganze Stückchen einfach im Mörser fein zerreiben.

Kirschsüppchen mit Zucchiniblüten

ÜBERRASCHUNG GELUNGEN

FÜR 2 PORTIONEN
250 g Süßkirschen
3 Stängel glatte Petersilie
1 EL Mandelmus (Reformhaus)
1 EL Walnussöl
grob geschroteter schwarzer Pfeffer

FÜR DIE GEFÜLLTEN BLÜTEN:
4 Zucchiniblüten · 100 g Champignons
50 g Pinienkerne
4 Kirschtomaten · 3 Stängel glatte Petersilie
2 EL Walnussöl · Salz · Pfeffer

1 Die Kirschen waschen und entsteinen. Die Petersilie waschen, die Blättchen von den Stängeln zupfen und fein hacken.
2 Die Kirschen mit Mandelmus, 200 ml Wasser und Walnussöl im Mixer cremig pürieren. Mit Pfeffer würzen und die Petersilie unterziehen. In zwei tiefe Teller verteilen.
3 Die Zucchiniblüten gründlich waschen und mit Küchenpapier trockentupfen. Die Champignons putzen, häuten und sehr fein hacken. Die Pinienkerne im Mörser zerstoßen und die Tomaten sehr klein schneiden. Die Petersilie waschen, die Blättchen von den Stängeln zupfen und fein hacken.
4 Champignons mit Pinienkernen, Tomaten, Walnussöl und Petersilie verrühren, leicht salzen und pfeffern. Die Mischung in die Blüten füllen und je 2 dekorativ auf einen Suppenteller setzen.

ZUBEREITUNGSZEIT: 30 MINUTEN

VARIANTE Zucchiniblüten sind nur saisonbedingt zu bekommen, aber wenn, dann sollten Sie zugreifen! Alternativ könnten Sie größere Champignons entstielen und mit einer Mischung aus gehackten Nüssen, Zwiebeln, Walnussöl, Zitronensaft und Petersilie füllen. Oder die Kirschtomaten durch 4 getrocknete, in Olivenöl eingelegte Tomatenhälften ersetzen und das dekorativ und farbenprächtig in Szene gesetzte Süppchen mit einem Hauch gemahlener Muskatnuss oder Muskatblüte bestäuben.

Mandel-Blumenkohl-Suppe mit Trüffeln

EIN BISSCHEN LUXUS DARF SCHON SEIN

FÜR 2 PORTIONEN
1 kleiner Blumenkohl · Vollmeersalz
1 EL Mandelmus (Reformhaus) · 2 EL Mandelöl
1 Msp. abgeriebene unbehandelte Orangenschale
1 Hauch Cayennepfeffer
nach Belieben etwas Salz

FÜR DIE GARNITUR:
5 Stängel Kerbel
20 bis 40 g frische Trüffel (Sorte nach Wahl)

1 Den Blumenkohl waschen, zerteilen und für etwa 10 Minuten in kaltes Salzwasser legen.
2 Blumenkohl mit 200 ml Wasser, Mandelmus sowie dem Mandelöl im Küchenmixer zu einer sämigen Suppe pürieren. Mit abgeriebener Orangenschale und Cayennepfeffer würzen. Nach Belieben leicht salzen.
3 Den Kerbel waschen, von den Stängeln zupfen und die Blättchen fein schneiden. Die Trüffel nur putzen und entweder auf einem speziellen Trüffelhobel feinblättrig schneiden oder mit einem Messer entsprechend klein schneiden oder auch würfeln. Die Suppe in tiefen Teller verteilen, mit Kerbel bestreuen und mit Trüffel vollenden.

ZUBEREITUNGSZEIT: 20 MINUTEN

VARIANTE Blumenkohl lässt sich bei diesem Rezept durch Romanesco oder Brokkoli gut variieren.

WISSENSWERTES Es gibt verschiedene Trüffelarten, die unterschiedlich im Preis sind. Ob man zu den teuren Weißen Trüffeln, zu Schwarzen Trüffeln oder zu den günstigeren Sommertrüffeln greift, bleibt jedem selbst überlassen. Jedoch sollte man sich zur Saison schon einmal ein kleines (oder auch größeres) Stück leisten. Ersatzweise kann man Trüffelöl nehmen, sollte es aber nur tröpfchenweise verwenden, da das Aroma sehr konzentriert ist. Außerhalb der Saison dienen eingelegte Trüffeln als Ersatz.

Beeren-Cocktail
SOMMER-AROMA PUR

FÜR 2 PORTIONEN
150 g Erdbeeren
150 g Himbeeren
50 g Süßkirschen
1/8 l ungesüßter Traubensaft
1/8 l Mineralwasser

1 Die Erdbeeren entstielen und mit den Himbeeren waschen. Die Süßkirschen waschen, entsteinen und in Streifen schneiden.
2 Die Erdbeeren und Himbeeren mit dem Traubensaft und etwas Mineralwasser kräftig aufmixen und pürieren. In Gläser füllen und mit den Kirschstreifen bestreuen.

ZUBEREITUNGSZEIT: 10 MINUTEN

VARIANTE Den Saft nach Belieben zusätzlich mit gehackter Minze oder Petersilie bestreuen. Auch Gewürze wie ausgeschabtes Vanillemark, gemahlenen Zimt oder Ingwer können Sie verwenden. Wer es gern süßer hat, der kann noch etwas Honig beimischen.

WISSENSWERTES 100 g Himbeeren haben nur 33 kcal/140 kJ und bestehen zu mehr als 80 % aus Wasser. Doch die magische Anziehungskraft der Himbeeren besteht im Verströmen der intensiven Duftaromen. Wilde Himbeeren schmecken am intensivsten, kultivierte Sorten können nicht ganz mithalten. Die Früchte aus der Gattung der Rosengewächse verfügen über reichlich Fruchtzucker und vor allem Zitronensäure. Himbeeren haben überdies den guten Ruf, sehr harntreibend zu sein.

Kokos-Frucht-Punch
SHAKE IT BABY

FÜR 2 PORTIONEN
100 g ungesüßte Kokosnussraspel
1 saftige Mango (etwa 300 g)
1 Banane
Saft von 1 Orange
1 TL Honig

FÜR DIE GARNITUR:
1 Msp. gemahlene Muskatblüte (Macis)

1 Kokosnussraspel mit etwa 1/4 l warmem Wasser (etwa 40 °C) übergießen und 5 Minuten quellen lassen.
2 Inzwischen die Mango schälen und das Fruchtfleisch vom Stein schneiden. Die Banane schälen und in Stücke schneiden.
3 Diese Zutaten mit dem Orangensaft und dem Honig kräftig aufmixen und pürieren. Den Mix in Gläser füllen und zusätzlich mit etwas Muskatblüte bestäuben.

ZUBEREITUNGSZEIT: 15 MINUTEN

VARIANTE Anstatt der Mango Passionsfrüchte oder Papaya verwenden. Wer den Saft erfrischender mag, ihn also nicht zum Frühstück, sondern als Aperitif oder Digestif trinken möchte, sollte ein paar Eiswürfel zum Mixen beigeben. Den Saft zusätzlich mit Kokosnussraspel bestreuen.

WISSENSWERTES Das Aroma der im Ganzen oder gemahlen angebotenen Muskatblüte *(Myristica fragrans)* ist fein, süßlich, leicht bitter, aber hoch aromatisch. Dieses Gewürz passt zu süßen wie auch zu herzhaften Gerichten.

Roter Smoothy

ENERGIE-DRINK

FÜR 2 PORTIONEN

100 g Süßkirschen
50 g Himbeeren
50 g Brombeeren
1 Kiwi
200 ml ungesüßter Kirschsaft
einige Eiswürfel

NACH BELIEBEN:
1 Msp. gemahlene Vanille

1 Kirschen, Himbeeren und Brombeeren waschen. Die Kirschen entsteinen. Die Kiwi schälen und grob zerschneiden.

2 Alle vorbereiteten Zutaten im Küchenmixer mit Kirschsaft und Eiswürfeln cremig pürieren und aufmixen. Nach Belieben mit Vanille würzen und in zwei hohe Gläser füllen.

ZUBEREITUNGSZEIT: 10 MINUTEN

PROFITIPP Noch smoothiger (geschmeidiger), cremiger und cooler schmeckt dieses Getränk, wenn Sie die Früchte für 30 Minuten in das Gefrierfach stellen und dann pürieren und aufmixen.

VARIANTE Die Fruchtkombinationen sind variabel, Sie können auch ein Stückchen Salatgurke und frische Kräuter mitmixen.

WISSENSWERTES Smoothies sind coole, eiskalte Getränke, frisch gemixt aus Früchten und Gemüsen. Diese Kultgetränke haben ihre Wurzeln in Amerika, genauer gesagt: in Kalifornien, wo Fitness, Gesundheit und Lebensgefühl zu Hause sind. Ein original Smoothie muss eisgekühlt sein. Das Anfrieren oder Tiefgefrieren der vorbereiteten Früchte und Gemüse ist im Original ein Muss. Allerdings schmecken normal temperierte Smoothies, ohne Anfrieren, genauso gut und erfrischend.

Ingwer-Frucht-Saft

DA GEHT'S IHNEN GLEICH BESSER ...

FÜR 2 PORTIONEN

etwa 2 cm Ingwerwurzel
100 g Brombeeren
100 g Pflaumen
2 Äpfel
150 ml Orangensaft

1 Den Ingwer schälen und klein schneiden. Das Obst waschen. Die Pflaumen entsteinen, die Äpfel vierteln, das Kerngehäuse entfernen und die Viertel klein schneiden.

2 Alle vorbereiteten Zutaten zusammen mit dem Orangensaft im Küchenmixer pürieren und zu Saft aufmixen. In zwei Gläser füllen und sofort genießen.

ZUBEREITUNGSZEIT: 10 MINUTEN

PROFITIPP Bei Äpfeln und Birnen liegen, wie bei vielen Obstsorten, genau unter der Schale die wertvollen Inhaltsstoffe. Wenn Sie über einen sehr guten Mixer, Zerkleinerer, eine Saftpresse oder auch über ein Multigerät verfügen, sollten Sie alles mitsamt der Schale zerkleinern und im Saft genießen.

WISSENSWERTES Ingwer steht in der Liste der „reinigenden" Lebensmittel ganz oben, denn diese scharfe Wurzel hilft bei Magen-Darm-Problemen und ist als desinfizierendes Naturheilmittel bekannt. Die Wirkstoffe des Ingwers regen die Galle an und helfen dadurch, Fett besser zu verdauen. Auch bei Kreislaufproblemen wirkt Ingwer erfrischend und anregend. Ingwer sollte man sehr frisch verwenden, weil durch eine längere Lagerung die Wurzel nicht nur austrocknet, sondern sich die wertvollen ätherischen Öle stark verflüchtigen.

ZUM TRINKEN UND LÖFFELN

Brokkolisüppchen mit Limette

MIT KORIANDER FEIN GEWÜRZT

FÜR 2 PORTIONEN
500 g Brokkoli
2 Stängel Koriandergrün
½ TL Korianderkörner
Saft von ½ Limette
1 EL Maiskeimöl
20 g Mandelmus (Reformhaus)
Kräutersalz · schwarzer Pfeffer

FÜR DIE GARNITUR:
1 TL eingelegte grüne Pfefferkörner

1 Den Brokkoli putzen und klein schneiden. Koriandergrün waschen und grob zerzupfen. Beides zusammen mit ¼ l Wasser, Korianderkörnern, Limettensaft, Maiskeimöl und Mandelmus im Küchenmixer zu einer sämigen Suppe pürieren.
2 Die Brokkolisuppe mit Kräutersalz und Pfeffer würzen. In zwei Suppenschalen füllen und die Pfefferkörner darüberstreuen.

ZUBEREITUNGSZEIT: 20 MINUTEN

VARIANTE Anstatt Limettensaft mal Zitronensaft oder Apfelessig verwenden. Sollten Sie kein Koriandergrün vorrätig haben, so passt auch Petersilie, Dill oder Schnittlauch. Das Mandelmus gibt dem Brokkoli eine nussige Note. Sie können stattdessen aber auch einfach Mandelblättchen über die Suppe streuen.

WISSENSWERTES Beim Brokkoli sind auch die Strünke genießbar. Einfach die Stiele in dünne Blättchen schneiden oder auf einem Küchenhobel fein hobeln. Mit etwas Salz, Pfeffer und Olivenöl anmachen und genießen. Brokkoli strotzt nur so von Vitamin C und Betakarotin. Es gibt unzählige Sorten, die so internationale Bezeichnungen wie beispielsweise Southern Comet, Corvet, Green Sprouting, Purple Sprouting, Calabreser, Verde romanesco oder Primo haben. Im Deutschen wird Brokkoli gelegentlich auch als Winterblumen- oder Sprossenkohl, Bröckel- oder Spargelkohl bezeichnet.

Exoten-Fruchtsuppe mit Kakusfeigen

SCHMECKT SUPER ZUM FRÜHSTÜCK

FÜR 2 PORTIONEN
1 kleine Papaya · 2 Sharonfrüchte
1 EL Honig
100 ml ungesüßter Multivitaminsaft
2 Kaktusfeigen

FÜR DIE GARNITUR:
1 Karambole · 50 g Mandelsplitter

1 Die Papaya schälen, entkernen und grob zerschneiden. Die Sharonfrüchte gründlich waschen, Stielansätze entfernen und klein schneiden. Papaya mit Sharonfrüchten, Honig sowie dem Multivitaminsaft im Küchenmixer pürieren.
2 Kaktusfeigen um die Enden herum einschneiden, die Schnitte mit einem Längsschnitt verbinden und die Schale abziehen. Das Fruchtfleisch in kleine Stücke schneiden und in zwei tiefe Teller verteilen.
3 Karambole waschen und in Scheiben schneiden. Die Kaktusstücke mit der Fruchtsuppe begießen und alles mit Karambole-Sternen belegen. Mit Mandelsplittern bestreut servieren.

ZUBEREITUNGSZEIT: 15 MINUTEN

VARIANTE Ein Schuss Mandelmilch oder – wenn Sie Milchprodukte mögen – Sahne, Milch oder Joghurt unter die Fruchtsuppe gemixt, schmeckt wunderbar. Dazu gehackte, ungesalzene Erdnüsse, Cashew- oder Walnüsse genießen.

WISSENSWERTES Die Kaktusfeigen, die aus Italien, Brasilien und Afrika importiert werden, sind doch so stachelig, dass man beim Schälen Küchenhandschuhe anziehen sollte. Das saftige, leicht säuerliche Fruchtfleisch erinnert im Geschmack an Birnen. Das körnige, kernlose, gelborange bis rote Fruchtfleisch kann auch ausgelöffelt werden. Dazu die Kaktusfeigen einfach halbieren und mit einem Grapefruitlöffel (gezackte Ränder) das Fruchtfleisch auslösen und essen.

Zum Dippen und Tunken

Rucola-Tässchen mit Kirschtomaten

Unwiderstehlich gut

Für 2 Portionen
100 g Rucola · 1 Zucchino
2 EL Olivenöl · Saft von ¼ Zitrone
1 TL Honig · 1 EL gemahlene Haselnusskerne
Kräutersalz · grob geschroteter schwarzer Pfeffer

Ausserdem:
12 Kirschtomaten
12 kleine Cocktailsticker

Für die Garnitur:
1 EL gehackte Minze · Cayennepfeffer

1 Den Rucola verlesen und waschen. Zucchino waschen, von Stiel- und Blütenansatz befreien und kleiner schneiden.
2 Rucola und Zucchini mit Olivenöl, Zitronensaft, Honig und Haselnüssen im Mixer fein pürieren, salzen und pfeffern.
3 Die Kirschtomaten waschen, Stielansätze entfernen und mit Cocktailstickern aufspießen. Die grüne Suppe in zwei Tassen füllen, mit Minze bestreuen und mit Cayennepfeffer leicht bestäuben. Die Kirschtomaten rundherum zum Dippen anrichten.

Zubereitungszeit: 20 Minuten

Variante So kann sich jeder nach seiner Farbe sein kaltes Süppchen mixen: Gelb mit gelben Paprikaschoten, gelben Zucchini und Physalis. Weiß mit weißem Spargel oder Kohlrabi, rot mit roten Paprikaschoten und Tomaten.

Wissenswertes Bei diesem Rezept können Sie Gewürze als sanfte Medizin einbringen. Nicht alle auf einmal, aber einzeln und bewusst ausgewählt: Knoblauch und Safran wirken cholesterinsenkend. Chili, Kapern, Knoblauch, Zwiebeln, Anis und Thymian wirken desinfizierend. Koriander, Lavendel und Melisse wirken beruhigend, Petersilie und Wacholder entwässernd. Fenchel, Estragon, Ingwer, Lorbeer, Oregano, Pfeffer und Zimt wirken appetitanregend und verdauungsfördernd.

Brokkoli mit Würzmarinade

Welch ein Duft!

Für 2 Portionen
500 g Brokkoliröschen

Für den Dip:
1 TL bunte Pfefferkörner
½ TL Korianderkörner
Saft von 1 Zitrone
4 EL Kürbiskernöl
½ Bund Schnittlauch

1 Brokkoliröschen putzen, gründlich waschen und mit Küchenpapier trockentupfen. Anschließend in mundgerechte Stücke schneiden und auf zwei Teller verteilen.
2 Die Pfeffer- und Korianderkörner im Mörser zerstoßen und mit Zitronensaft sowie mit Kürbiskernöl verrühren.
3 Den Schnittlauch waschen und in feine Röllchen schneiden. In die Marinade rühren und diese auf zwei Portionsschalen verteilen. Die Brokkoliröschen zum Dippen dazu servieren.

Zubereitungszeit: 20 Minuten

Profitipp Röschen, Strunk und Blätter sind beim Brokkoli essbar. Die knackigen Stiele schmecken etwas milder, wenn Sie diese schälen. Die knackigen Blätter in Streifen schneiden und für die Garnitur verwenden.

Wissenswertes Brokkoli wurde lange Zeit bei uns vernachlässigt, in Italien war er schon immer ein beliebtes Gemüse. Beim Kauf von Brokkoli immer darauf achten, dass die Stiele fleischig sind und saftig aussehen. Holzige, trockene oder gummiartige, leicht zu verbiegende Stiele mit Rissen sind typische Anzeichen von Überlagerung. Die Röschen müssen frisch und kräftig grün sein, gelbliche Farbe ist eindeutig ein Qualitätsmangel.

Teltower Rübchen mit Avocadocreme

Nussig-zart und scharf gewürzt

Für 2 Portionen
¼ TL weiße Pfefferkörner · ¼ TL Kreuzkümmel
¼ TL Korianderkörner · 1 Msp. Selleriesalz
1 Msp. gemahlene Muskatnuss
1 Msp. gemahlene Muskatblüte (Macis)
1 Kardamomkapsel
2 EL Olivenöl
1 reife, weiche Avocado
Saft von ½ Zitrone · Vollmeersalz

Ausserdem:
500 g Teltower Rübchen

1 Alle Gewürze im Mörser zerstoßen und anschließend mit dem Olivenöl verrühren. Die Avocado halbieren, den Kern entfernen und das Fruchtfleisch auslösen und zusammen mit dem Zitronensaft im Küchenmixer pürieren.
2 Das Avocadomus mit dem Würzöl gründlich vermischen und mit Vollmeersalz abschmecken. Anschließend in zwei Portionsschalen verteilen.
3 Die Teltower Rübchen waschen, schälen und in etwa 1 cm dicke Scheiben schneiden. Diese dann quer in Stäbe schneiden. Auf Tellern mit der Avocadocreme zum Dippen anrichten.

Zubereitungszeit: 30 Minuten

Wissenswertes Kardamomkapseln sind die Früchte einer bis zu 3 m hohen, buschigen Schilfpflanze aus der Familie der Ingwergewächse. Die dreifächerigen Samenkapseln enthalten pro Fach im Schnitt 4 bis 8 winzige, braunschwarze und quer geriffelte Samen. Im Verkauf sind die ganzen, dreikantigen, grünlichen oder schwarzen Kapseln sowie die gemahlenen Samen.
In Teltow, einem kleinen Ort südlich von Berlin, wurden erstmalig diese Rübchen gezogen. Der sandige, kalkhaltige Boden in dieser Region bekommt diesem Gemüse sehr gut. Zweimal im Jahr ist Rübchen-Ernte. Im Handel sind sie von April bis Oktober. Teltower Rübchen schmecken nussig, mild und leicht süßlich.

Pinzimonio

Typisch toskanisch!

Für 2 Portionen
1 Radicchio
1 kleiner Zucchino
1 Fenchelknolle
je 1 rote und gelbe Paprikaschote
2 Frühlingszwiebeln

Zum Dippen:
Aceto balsamico
Olivenöl
Salz
grob geschroteter schwarzer Pfeffer

1 Den Radicchio vom Strunk befreien, in Blätter teilen, waschen und trockenschleudern. Den Zucchino von Stiel- und Blütenansatz befreien, waschen und in nicht zu dünne Stifte schneiden.
2 Die Fenchelknolle putzen, vierteln und in schmale Scheiben schneiden. Die Paprikaschoten waschen, Samen und Scheidewände entfernen und das Fruchtfleisch in Streifen schneiden. Frühlingszwiebeln putzen und in Ringe schneiden.
3 Die vorbereiteten Zutaten auf zwei Teller verteilen. Essig, Olivenöl, Salz und Pfeffer bereit stellen: Jeder mixt sich in einer Portionsschale sein Dressing selbst und dippt die rohen Köstlichkeiten ein.

Zubereitungszeit: 20 Minuten

Profitipp Diese herrlich einfache Rohkost wird in der Toskana oft als Vorspeise serviert. Dabei werden immer saisonale Zutaten gewählt: Ob nun reife Tomaten, knackiger Romana- oder Kopfsalat, Blumenkohl, Brokkoli oder Staudensellerie.

Wissenswertes Wenn schon kulinarisch in der Toskana unterwegs, sollten Sie unbedingt Pinienkerne dazu knabbern. Sie werden aus den aufgesprungenen Zapfen der Pinien geerntet, pro Baum liegt der Ertrag nur bei etwa 2 kg.

Asiatische Häppchen
Ein Fest für den Gaumen

Für 2 Portionen
1 daumengroßes Stück Ingwerwurzel
1 kleiner weißer japanischer Rettich (Daikon)
Salz
8 mittlere Shiitake-Pilze
100 g Spinatblätter

Für den Dip:
Tamari-Sojasauce nach Belieben
Zitronensaft

1 Den Ingwer schälen und auf einem Küchenhobel sehr fein hobeln. Den Rettich schälen, auf einer Küchenreibe fein raspeln, in ein Sieb geben und leicht salzen.
2 Inzwischen die Pilze putzen, die Stiele entfernen und die Hüte nach Belieben halbieren. Die Spinatblätter verlesen, waschen und gründlich abtropfen lassen.
3 Die Rettichraspel mit den Händen fest ausdrücken und auf zwei Teller verteilen. Ingwer, Shiitake-Pilze und Spinatblätter rundherum anrichten.
4 Tamari-Sojasauce und Zitronensaft vermischen, in zwei Portionsschalen füllen. Die vorbereiteten Leckerbissen auf Tellern dazu stellen und – wenn's ganz stilvoll sein soll – mit Stäbchen in die Sauce dippen.

Zubereitungszeit: 30 Minuten

Variante Zusätzlich Wasabi, den grünen japanischen Meerrettich, zum Würzen bereitstellen – aber Achtung: Er ist sehr scharf! Sie bekommen ihn in Asialäden oder gut sortierten Lebensmittelabteilungen der Kaufhäuser.
Für alle, die sich nicht streng nach dem Rohkostprinzip ernähren: Schlagen Sie pro Portionsschale ein Eigelb auf und verrühren Sie dieses mit Sojasauce.

Wissenswertes Tamari-Sojasauce ist eine biologisch – nicht künstlich – fermentierte Sojasauce, die zudem glutenfrei ist. Erhältlich ist sie in Naturkostläden.

Harissa mit Maiskölbchen
Scharfer Knabberspass

Für 2 Portionen
½ Bund glatte Petersilie
1 Knoblauchzehe
¼ TL Kreuzkümmel
¼ TL Korianderkörner
1 TL Harissa (Chilipaste)
10 EL Olivenöl
Salz
schwarzer Pfeffer

Ausserdem:
400 g zarte Maiskölbchen (Asienladen)

1 Die Petersilie waschen, die Blättchen von den Stängeln zupfen und fein hacken. Die Knoblauchzehe schälen und fein würfeln. Kreuzkümmel und Korianderkörner im Mörser zerstoßen. Zusammen mit Harissa und Olivenöl verrühren.
2 Petersilie sowie Knoblauch unter das Harissa-Öl rühren, mit Salz und Pfeffer würzen und den Dip in zwei Portionsschalen verteilen. Maiskölbchen waschen, mit Küchenpapier trockentupfen und zum Dippen servieren.

Zubereitungszeit: 20 Minuten

Variante Anstatt Maiskölbchen können Sie auch ein beliebiges anderes Gemüse wählen, das zum Dippen geeignet ist. Rohkost-Grenzgänger können das Dressing anstatt mit Olivenöl auch mit Joghurt oder einer Mischung aus halb Joghurt und halb saurer Sahne zubereiten.

Wissenswertes Christoph Columbus ist es zu verdanken, dass Mais schon in frühester Zeit nach Europa kam. Bereits im Jahr 1525 wurden die ersten Maisfelder in Europa angelegt. Der Anbau weitete sich schnell von Spanien über Frankreich nach Italien bis hin zum Balkan und sogar bis nach China aus.

Zucchini mit Kürbiskerndip
HERBSTLICHE GRÜSSE

FÜR 2 PORTIONEN
2 Frühlingszwiebeln
1 Knoblauchzehe
100 g Kürbiskerne
4 EL Kürbiskernöl
1 TL Aceto balsamico
Salz · grob geschroteter schwarzer Pfeffer

AUSSERDEM:
1 Zucchino

1 Frühlingszwiebeln putzen und grob zerschneiden. Die Knoblauchzehe schälen.
2 Frühlingszwiebeln, Knoblauch, Kürbiskerne, Kürbiskernöl und Aceto balsamico im Küchenmixer zu einer cremigen Paste pürieren. Mit Salz und Pfeffer würzen.
3 Den Zucchino waschen, von Stiel- und Blütenansatz befreien und längs, je nach Dicke, vierteln oder in sechs Stangen schneiden. Jede Stange nach Belieben dritteln oder halbieren.
4 Den Kürbiskerndip in zwei Portionsschalen verteilen und die Zucchinistangen dazu servieren.

ZUBEREITUNGSZEIT: 20 MINUTEN

VARIANTE Wer auch Milchprodukte mag, kann seinen Kürbiskerndip mit geriebenem Parmesan oder Grana Padano zu einem Pesto aufpeppen. Zum Dippen eignen sich auch Möhren, Paprikastreifen, knackige Salatherzblätter oder Gurkensticks.

WISSENSWERTES Kürbis, botanisch gesehen ein Gurkengewächs, ist mit Gurken, Zucchini und Melonen verwandt. Nicht jeder Kürbis ist roh ein Genuss. Manche Sorten schmecken besser gegart in Chutneys, Suppen oder auch in Gemüseaufläufen – hierfür existieren etliche Rezepte.
Kürbiskerne lässt man trocknen, zieht die weißen Häute ab und knabbert sie des würzigen Aromas wegen, aber auch, weil sie für eine stark entwässernde Wirkung bekannt sind. Kürbiskernöl, vorrangig aus Österreich, ist weltbekannt und schmeckt würzig, nussig-aromatisch.

Kohlrabi mit Bananenmus
CREMIGES VERGNÜGEN

FÜR 2 PORTIONEN
2 Bananen
1 EL Honig
1 Msp. Currypulver
20 g Mandelmus (Reformhaus)
Saft von 1 Orange
1 Gewürznelke
Salz
schwarzer Pfeffer

AUSSERDEM:
1 große Kohlrabiknolle

1 Die Bananen schälen und grob zerschneiden. Zusammen mit Honig, Currypulver, Mandelmus, Orangensaft und der Gewürznelke im Küchenmixer pürieren. Mit Salz und Pfeffer würzen.
2 Die Kohlrabiknolle schälen, zuerst in Scheiben und dann in Stäbe schneiden. Bananendip und Kohlrabistäbe dekorativ auf zwei Tellern anrichten.

ZUBEREITUNGSZEIT: 20 MINUTEN

VARIANTE Das Bananenmus ist für Gewürzvarianten geradezu prädestiniert: beispielsweise mit Kokosraspel, 1 Msp. Vanillemark, 1 Prise Kreuzkümmel oder feurigem Chilipulver. Zusätzlich kann man es mit Kräutern wie Basilikum, Oregano und Dill verfeinern. Zum Dippen eignen sich auch Selleriestangen, Gurken- oder Zucchinisticks, Paprikastreifen oder Frühlingszwiebeln.

ZUM DIPPEN UND TUNKEN

Cruditées mit Brokkolidip

KNACKIGE GEMÜSESTÄBCHEN

FÜR 2 PORTIONEN
150 g Brokkoli
½ Bund Petersilie
1 Knoblauchzehe
1 TL Edelhefe (Reformhaus)
Vollmeersalz
schwarzer Pfeffer

AUSSERDEM:
1 große Möhre
1 kleiner Zucchino
1 Selleriestange

1 Den Brokkoli putzen, waschen und mit den Stielen kleiner schneiden. Die Petersilie waschen, trockenschütteln und die Blättchen von den Stielen zupfen. Die Knoblauchzehe schälen und halbieren.
2 Die vorbereiteten Zutaten mit der Hefe und ein paar Esslöffeln Wasser im Küchenmixer kräftig pürieren. Mit Vollmeersalz und Pfeffer würzen und in zwei Portionsschalen verteilen.
3 Das Gemüse waschen. Die Möhre schälen, vom Zucchino Stiel- und Blütenansatz entfernen und die Selleriestange von eventuell vorhandenen Fäden befreien. Alles in handliche Stäbe schneiden und mit dem Brokkolidip servieren.

ZUBEREITUNGSZEIT: 30 MINUTEN

VARIANTE Wer auch Milchprodukte mag, kann den Brokkoli mit Joghurt oder saurer Sahne pürieren. Extra Schärfe kommt mit Chilipulver, fein gehackter Chilischote, Cayennepfeffer oder Tabasco in den Dip. Sie können ihn aber auch zusätzlich mit Currypulver, gemahlener Muskatblüte und Kreuzkümmel würzen.

Gemüsestangen mit Minzöl

FRISCHE HAPPEN

FÜR 2 PORTIONEN
je 1 gelbe und rote Paprikaschote
1 kleine Salatgurke

FÜR DEN DIP:
1 Bund frische Minze
1 TL Honig
Saft von ½ Zitrone
100 ml Rapsöl
Vollmeersalz
schwarzer Pfeffer

1 Die Paprikaschoten waschen, halbieren, entkernen und das Fruchtfleisch in Streifen schneiden. Salatgurke schälen, längs halbieren, entkernen und in passende Stäbe schneiden.
2 Die Minze waschen, Blätter von den Stängeln zupfen und grob hacken. Honig mit Zitronensaft und Rapsöl verquirlen. Die Minze unterheben und alles mit Vollmeersalz und Pfeffer würzen.
3 Das Minzöl in zwei Portionsschalen verteilen und mit den Gemüsestangen servieren.

ZUBEREITUNGSZEIT: 20 MINUTEN

VARIANTE Riecht sehr nach arabischer Küche ... Das lässt sich für alle, die nicht nur Rohkost mögen, noch gut ergänzen: So zum Beispiel mit Schafskäse, Datteln, schwarzen und grünen Oliven, Pistazien und ofenfrischem Fladenbrot.

WISSENSWERTES Minze wirkt verdauungsfördernd und galletreibend. Doch unabhängig vom positiven gesundheitlichen Aspekt schmeckt dieses Kraut so eigentümlich charakteristisch gut, dass es vielen Gerichten erst den richtigen Kick gibt. Und sollten Sie gelegentlich Lust auf fette und kalorienreiche Gerichte haben, einfach als Vorspeise einen Salat mit Minzedressing servieren: Es ist ein guter Schutzschild gegen die Auswirkungen „ungesunder" Genüsse.

ZUM DIPPEN UND TUNKEN

Champignons in Blütendip

DER FRÜHLING IST DA!

FÜR 2 PORTIONEN
500 g kleine weiße oder braune Champignons

FÜR DEN DIP:
etwa 10 essbare Blüten
1 Tomate · 1 Knoblauchzehe
2 EL Weißweinessig · 1 Msp. mittelscharfer Senf
100 ml Olivenöl · Kräutersalz · schwarzer Pfeffer

ZUM BESTREUEN:
50 g fein gehackte Pinienkerne

1 Die Champignons putzen und die Haut abziehen. Ein paar Blüten zum Garnieren beiseite legen, die restlichen entstielen, waschen, trockenschütteln und klein schneiden. Tomate waschen, entkernen und sehr klein würfeln.
2 Die Knoblauchzehe schälen und hacken. Zusammen mit dem Weißweinessig, Senf und Olivenöl kräftig aufschlagen. Mit Kräutersalz und Pfeffer würzen.
3 Die Marinade mit den geschnittenen Blüten verrühren und in zwei Portionsschalen verteilen. Mit den beiseite gelegten ganzen Blüten garnieren.
4 Je eine Portionsschale mitten auf einen großen Teller stellen und rundherum die Champignons verteilen. Je einen Champignon in den Dip tunken, mit den Pinienkernen bestreuen und im Mund verschwinden lassen.

ZUBEREITUNGSZEIT: 20 MINUTEN

VARIANTE Rohkost-Grenzgänger können auch noch Ciabatta eintunken und Käse dazu genießen.

WISSENSWERTES Blüten sehen nicht nur sehr hübsch aus, sie schmecken auch! Beim Sammeln darauf achten, dass sie nicht in Straßennähe wachsen. Bei Gänseblümchen sind sowohl Blätter als auch Blüten essbar. Sie schmecken angenehm herb und wirken sehr stoffwechselanregend.

Romanesco mit Currysauce

GRÜN UND GELB UND LECKER!

FÜR 2 PORTIONEN
50 g Rosinen
Saft von 1 Mandarine
2 cm Ingwerwurzel
2 Msp. Currypulver
1 Msp. gemahlener Kreuzkümmel
½ TL zerdrückte Korianderkörner
1 TL Erdnussmus
50 ml Erdnussöl
Salz · schwarzer Pfeffer

AUSSERDEM:
2 Romanesco

1 Die Rosinen mit dem Mandarinensaft beträufeln. Den Ingwer schälen und fein hacken.
2 Aus Ingwer, Curry, Kreuzkümmel, Koriander, Erdnussmus und Erdnussöl eine Sauce rühren. Eingeweichte Rosinen unterziehen und alles mit Salz und Pfeffer würzen.
3 Romanesco putzen, in Röschen teilen, waschen und abtropfen lassen. Die Sauce in zwei Portionsschalen verteilen und die Romanescoröschen zum Dippen dazu servieren.

ZUBEREITUNGSZEIT: 30 MINUTEN

PROFITIPP Sie können die Röschen zusätzlich „panieren". Dazu einzeln in die Dipsauce tauchen und anschließend in grob gemahlenen Haselnüssen oder gehackten Pinienkernen wenden.

VARIANTE Wer sich nicht streng an das Rohkostprinzip hält, kann auch eine Sauce aus Vollmilchjoghurt und Mascarpone zum Dippen herstellen. Zusätzlich etwas frisch geriebenen Parmesan unterziehen und mit etwas gehacktem Oregano würzen.

WISSENSWERTES Romanesco, auch Türmchenkohl oder Minarettkohl genannt, ist eine Blumenkohl-Sorte. Das hübsche Aussehen und die hell- bis lindgrüne Farbe machen den Romanesco so attraktiv – und würzig-gut schmeckt er zudem.

Staudensellerie mit nussigem Kräuterdip

KNACKIG-FRISCHES VERGNÜGEN

FÜR 2 PORTIONEN
½ Bund Schnittlauch
½ Bund glatte Petersilie
150 g Mandelblättchen und Pinienkerne
50 ml Olivenöl
Vollmeersalz · schwarzer Pfeffer

AUSSERDEM:
4 Stangen Staudensellerie

1 Den Schnittlauch waschen, trockenschütteln und in Röllchen schneiden. Die Petersilie waschen, trockenschütteln, die Blättchen von den Stängeln zupfen und fein hacken.
2 Die Nüsse auf ein Holzbrett schütten und sehr fein hacken. Anschließend zusammen mit den Kräutern und dem Olivenöl verrühren. Mit Vollmeersalz und Pfeffer würzen.
3 Den Sellerie putzen, eventuell vorhandene Fäden entfernen, die Stangen waschen und in handliche Stäbe schneiden. Diese auf zwei Teller verteilen und jeweils eine Portionsschale mit dem Dip dazu stellen.

ZUBEREITUNGSZEIT: 30 MINUTEN

VARIANTE Als Variante bieten sich gemischte Kräuter mit Basilikum und Oregano sowie Kresse und/oder Brennnesseln an. Wer sich nicht streng nach Rohkostregeln ernährt, kann die Nüsse ohne Fett in der Pfanne anrösten, bevor sie gehackt werden.

WISSENSWERTES Wildkräuter wie Brennnesseln werden oft auf Bauernmärkten oder in Bioläden, gelegentlich auch in gut sortierten Obst- und Gemüsegeschäften angeboten.

Zucchinipaste mit Apfelspalten

MIT PIKANTER NOTE

FÜR 2 PORTIONEN
300 g kleine Zucchini
1 Schalotte · 2 Knoblauchzehen
½ Bund Petersilie
Saft von ¼ Zitrone · 50 g Pinienkerne
4 EL Olivenöl · Cayennepfeffer
edelsüßes und rosenscharfes Paprikapulver
Vollmeersalz · schwarzer Pfeffer

AUSSERDEM:
2 Äpfel (z. B. Golden Delicious)

1 Die Zucchini waschen, auf einer Küchenreibe grob raffeln und mit den Händen den Saft auspressen. Die Schalotte sowie die Knoblauchzehen schälen. Die Petersilie waschen, trockenschütten und die Blättchen von den Stängeln zupfen.
2 Alle vorbereiteten Zutaten im Küchenmixer mit Zitronensaft, Pinienkernen und Olivenöl pürieren. Mit Cayennepfeffer, den beiden Sorten Paprikapulver, Vollmeersalz und Pfeffer würzen.
3 Die Zucchinipaste in zwei Portionsschalen verteilen. Die Äpfel waschen, abtrocknen und vierteln. Kerngehäuse entfernen und die Viertel in handliche Spalten schneiden. Apfelspalten dekorativ auf Tellern anrichten und mit der Zucchinipaste verspeisen.

ZUBEREITUNGSZEIT: 20 MINUTEN

VARIANTE Zum Dippen eignen sich alle knackigen Gemüse oder feste Salatblätter.
Für alle, die auch Milchprodukte mögen: Die Zucchinipaste mit etwas saurer Sahne oder Kräuter-Crème-fraîche geschmeidig rühren.
Mit Gemüsecremes lassen sich auch Champignons füllen oder Gemüsescheibchen wie Kohlrabi oder Fenchel bestreichen. Man kann auch ein Rohkost-Sandwich kreiieren: Dazu zwei bis drei Salatblätter mit Kräuterpaste bestreichen, mit Oliven oder Zwiebelringen belegen und übereinander stapeln. Oder zusammenrollen und mit Schnittlauchhalmen zubinden.

Birnenstäbe mit Petersilienöl

... Zum Finger abschlecken

Für 2 Portionen
1 Bund glatte Petersilie
1 Knoblauchzehe
50 g Pinienkerne
5 EL Olivenöl
Saft von $1/4$ Zitrone
Vollmeersalz
schwarzer Pfeffer

Ausserdem:
2 Williamsbirnen

1 Die Petersilie waschen, trockenschwenken und die Blättchen von den Stängeln zupfen. Die Knoblauchzehe schälen.
2 Petersilie, Knoblauch, Pinienkerne, Olivenöl und Zitronensaft im Küchenmixer kräftig pürieren und aufmixen. Mit Vollmeersalz und Pfeffer würzen.
3 Die Williamsbirnen waschen, schälen, Kerngehäuse entfernen und das Fruchtfleisch in handliche Stäbe schneiden. Das Petersilienöl in zwei Portionsschalen füllen und ringsum die Birnenstäbe anrichten.

Zubereitungszeit: 15 Minuten

Variante Die Birne zum Dippen ist ungewöhnlich, aber ungewöhnlich gut! Sie können aber auch Fenchel oder Champignons hauchdünn auf einem Küchenhobel schneiden, auf Tellern breitflächig anrichten und mit Petersilienöl beträufelt servieren.

Wissenswertes Bis zu fünfmal im Jahr ist die Petersilienernte möglich. Vom Säen bis zum ersten Schnitt vergehen kaum vier Wochen. Danach wächst die Petersilie einfach wieder nach. Es werden sowohl die würzigen Blättchen der glatten als auch der krausen Petersilie gern verwendet. Getrocknete Petersilie ist von der Würzkraft her nicht sonderlich intensiv. Frieren Sie lieber beizeiten frisch gehackte Petersilie portionsweise ein, um in mageren Petersilienzeiten einen Vorrat zu haben.

Orangenfilets mit Erdnusspaste

Asiatisch-Pikant

Für 2 Portionen
1 Schalotte · 2 Knoblauchzehen
150 g geschälte, ungesalzene Erdnüsse
Saft von $1/4$ Zitrone oder Limette
5 EL Erdnussöl · $1/2$ TL gemahlener Koriander
$1/4$ TL gemahlener Kreuzkümmel
Kräutersalz · schwarzer Pfeffer · $1/2$ Bund Schnittlauch

Ausserdem:
2 saftige Orangen

Nach Belieben:
Currypulver

1 Die Schalotte und die Knoblauchzehen schälen und halbieren.
2 Erdnüsse, Schalotte und Knoblauch zusammen mit dem Zitronensaft sowie dem Erdnussöl im Küchenmixer kräftig pürieren und aufmixen. Anschließend mit Koriander, Kreuzkümmel, Kräutersalz und Pfeffer würzen.
3 Schnittlauch waschen, trockenschütteln, in Röllchen schneiden und unter die Erdnusspaste rühren. Diese in zwei Portionsschalen verteilen und nach Belieben mit Currypulver bestäuben.
4 Die Orangen schälen, dabei auch die weiße Haut entfernen. Orangenfilets auslösen und auf zwei Tellern dekorativ anrichten. In die Erdnusspaste dippen.

Zubereitungszeit: 40 Minuten

Variante Anstatt Schnittlauch passen auch andere Kräuter wie beispielsweise Koriandergrün oder Petersilie.

Wissenswertes Falls Sie keine geschälten, ungesalzenen Erdnüsse bekommen (normalerweise gibt es sie in jedem Asienladen), dann kaufen Sie einfach Erdnüsse mit Schale. Das Schälen ist zwar ein bisschen mühselig, aber es lohnt sich. Naschen Sie nicht zuviel beim Schälen – Erdnüsse sind sehr kalorienhaltig und sättigen schnell!

Zum Dippen und Tunken

Möhrchen mit Erdnussdip

KNABBERSPASS IM FRÜHLING

FÜR 2 PORTIONEN
1 Bund Frühlingsmöhrchen

FÜR DEN DIP:
5 EL Weißweinessig
1 EL Weizenkeimöl · 2 EL Honig
1 kräftige Prise Salz
3 EL Erdnusspaste
2 EL Tomatenmark
1 EL Orangensaft

ZUM GARNIEREN:
grob geschrotete rote Pfefferkörner

1 Die Möhrchen waschen und nach Belieben schälen oder leicht abschaben. Dabei etwas Grün an den Möhrchen belassen.
2 Für den Dip alle Zutaten mit 5 EL Wasser kräftig verrühren. In zwei Portionsschalen verteilen, die geschroteten roten Pfefferkörner darüber streuen und die Möhrchen zum Dippen rundherum dekorativ anrichten.

ZUBEREITUNGSZEIT: 15 MINUTEN

PROFITIPP Das Weizenkeimöl im Dip bewirkt, dass das Karotin besser im Körper verarbeitet werden kann. Das Möhrenkraut nicht wegwerfen, sondern fein hacken und wie Petersilie oder Schnittlauch verwenden.

VARIANTE Erweitern Sie Ihre Naschgelüste, indem Sie Orangen- oder Mandarinenfilets dazu reichen. Oder Selleriestangen mit Apfelspalten, Zucchinistangen mit Birnenspalten, Jackfruchtspalten mit Melonenscheibchen. Als Garnitur können Sie auch ungesüßte Kokosraspel oder Mandelblättchen verwenden.

WISSENSWERTES Vielleicht haben Sie auch schon den „grünen Kragen" rund um das Möhrenkraut bemerkt. Anders als bei Kartoffeln ist bei Möhren die grünliche Farbe rund um den Stielansatz absolut harmlos und kein Zeichen von Unreife!

Sellerie mit Avocadomus

SCHARFER DIP MIT TOMATENSTÜCKCHEN

FÜR 2 PORTIONEN
4 Stängel Staudensellerie

FÜR DEN DIP:
3 Fleischtomaten
1 reife, weiche Avocado
Saft von 1/2 Zitrone
3 EL Olivenöl
1 EL eingelegter grüner Pfeffer
Kräutersalz
Chilipulver
grob geschroteter schwarzer Pfeffer

1 Sellerie putzen, waschen und in Stäbe von etwa 5 cm Länge schneiden. Die Sellerieblättchen fein hacken.
2 Die Tomaten waschen und mit der Haut sehr klein würfeln.
3 Die Avocado halbieren, Kern entfernen, das Fruchtfleisch auslösen und zusammen mit dem Zitronensaft sowie dem Olivenöl cremig verrühren. Die Tomatenwürfel und die grünen Pfefferkörner unterziehen.
4 Avocadomus mit Kräutersalz, Chilipulver und Pfeffer kräftig abschmecken. In zwei Portionsschalen anrichten und rundherum die Selleriestäbe legen. Alles mit Selleriegrün bestreuen.

ZUBEREITUNGSZEIT: 20 MINUTEN

PROFITIPP Einen Extra-Schärfekick bekommen Sie mit einer halben gewürfelten Chilischote im Dip. Oder Sie verwenden ein paar Tropfen rote oder grüne Tabascosauce. Aber Achtung: Die rote Sauce – flüssige Schärfe aus roten Chilischoten – ist höllisch scharf, die grüne Variante dagegen milder.

WISSENSWERTES Staudensellerie, auch als Stielsellerie, Stangen- oder Bleichsellerie im Handel, schmeckt feiner als Knollensellerie. Die fleischigen, gerippten und bis zu 4 cm breiten Stangen wachsen aufrecht in Bündeln und können eine Höhe von bis zu 70 cm erreichen. Die Stangen müssen jedoch oftmals von den zähen äußeren Fäden befreit werden.

Walnuss-Sellerie mit Karde
Eine schöne Kombination

Für 2 Portionen
½ Bund Petersilie
200 g Knollensellerie
1 säuerlicher Apfel
Saft von ½ Zitrone
2 Spritzer Tamari-Sojasauce
1 EL Honigessig · 2 EL Olivenöl
Salz
schwarzer Pfeffer
50 g gehackte Walnusskerne

Außerdem:
400 bis 500 g Karde (siehe Wissenswertes)

1 Die Petersilie waschen, trockenschwenken, die Blättchen von den Stängeln zupfen und fein hacken. Den Sellerie schälen und auf einer Küchenreibe grob raffeln.
2 Den Apfel waschen und abtrocknen, vierteln, Kerngehäuse entfernen und die Viertel ebenfalls raffeln. Alle vorbereiteten Zutaten in einer Schüssel mit Zitronensaft, Tamari-Sojasauce, Honigessig und Olivenöl vermengen. Mit Salz und Pfeffer würzen und zuletzt die Walnüsse unterziehen.
3 Die Kardestangen putzen, waschen, Wurzelansatz und Blätter entfernen. Die Blattstiele von eventuell vorhandenen Fäden befreien, in entsprechend kurze Stangen schneiden und zum Dippen verwenden.

Zubereitungszeit: 30 Minuten

Variante Karde ist nicht überall leicht zu bekommen. Ersatzweise passen zu diesem Dip auch Selleriestangen, Paprikastreifen, Zucchinistifte oder Gurkenstäbe.

Wissenswertes Die Karde – ein Distelgewächs – ist auch als Spanische Artischocke, Gemüseartischocke, Kardone oder Kardonenartischocke bekannt. Sie wird schon seit frühesten Zeiten im Mittelmeerraum kultiviert. Der Geschmack der langen Blattstiele ist zartbitter mit nussigem Unterton. Seien Sie neugierig und probieren Sie dieses Gemüse einmal aus!

Bärlauchöl mit Radieschen
Einfach und gut

Für 2 Portionen
1 Handvoll junge Bärlauchblätter (etwa 25 Stück)
50 ml Olivenöl

Außerdem:
1–2 Bund Radieschen

1 Die Bärlauchblätter waschen, trockenschwenken, sehr fein hacken und mit dem Olivenöl verrühren.
2 Radieschen putzen, dabei etwas Grün vom Stielansatz zum Anfassen stehen lassen, waschen und abtropfen lassen.
3 Das Bärlauchöl in zwei Portionsschalen füllen und die Radieschen zum Dippen bereitstellen.

Zubereitungszeit: 20 Minuten

Variante Neben den Radieschen passen auch Tomaten sehr gut zu diesem Dip. Dazu Tomaten waschen, vierteln, entkernen und das Fruchtfleisch in Streifen schneiden.
Außerhalb der Bärlauch-Saison können Sie frisch gehackte Spinatblätter oder Rucola verwenden.

Wissenswertes Bärlauch, erst in den letzten Jahren wieder für die Küche entdeckt, hat ein sehr intensives und würziges Aroma. Es gibt ihn im Frühjahr auf Wochen- und Bauernmärkten, aber auch bei einem Waldspaziergang finden Sie diesen erfrischenden Waldknoblauch.
Bärlauch hat den Ruf, dass er Husten bekämpft, Magen und Darm beruhigt und gegen Appetitlosigkeit hilft.

Nashi mit Mangosauce
Schön chili-scharf!

Für 2 Portionen
1 kleine rote Chilischote
1 sehr reife, saftige Mango
1 Hauch Salz
grob geschroteter schwarzer Pfeffer
1 Msp. Currypulver
50 g ungesüßte Kokosraspel

Ausserdem:
2 Nashi-Birnen

1 Die Chilischote waschen, entkernen und sehr fein würfeln. Die Mango schälen, den Stein entfernen und das Fruchtfleisch im Küchenmixer pürieren.
2 Das Mangopüree mit Salz, Pfeffer und Currypulver würzen. Zuletzt die Chiliwürfel unterziehen und die Sauce in zwei Portionsschalen füllen. Dick mit Kokosrapsel bestreuen.
3 Die Nashi-Birnen waschen, halbieren, Kerngehäuse entfernen und das Fruchtfleisch in Spalten schneiden. Dekorativ auf Tellern anrichten und mit dem Dip servieren.

Zubereitungszeit: 20 Minuten

Variante Die scharfe Mangosauce mit frisch gehacktem Koriandergrün und einigen Tomatenwürfeln variieren. Zum Dippen eignen sich Birnen und Äpfel, aber auch Gemüse wie Zucchini, Paprika oder Staudensellerie

Wissenswertes Nashi-Birnen sind ein Import aus Japan, Chile, Korea, Neuseeland und Argentinien. Sie sehen fast wie Äpfel aus, ihr Geschmack erinnert jedoch mehr an Birnen.

Austernpilze mit Orangen-Kräuter-Öl
Leckere Häppchen

Für 2 Portionen
250 g Austernpilze

Für den Dip:
1 Bund gemischte Kräuter
1 Schalotte
Saft von ½ Orange
8 EL Olivenöl
Vollmeersalz
grob geschroteter roter Pfeffer

1 Die Austernpilze putzen und in kleinere Stücke brechen oder schneiden. Die Kräuter gut waschen, trockenschwenken und fein hacken.
2 Die Schalotte schälen und fein würfeln. Orangensaft mit Olivenöl verquirlen und die Kräuter sowie die Schalottenwürfel unterziehen. Mit Vollmeersalz und rotem Pfeffer würzen.
3 Das Orangen-Kräuter-Öl in zwei Portionsschalen verteilen und die Austernpilze darin eintunken.

Zubereitungszeit: 20 Minuten

Profitipp Austernpilze sind roh sehr fein im Geschmack. Sollten Sie jedoch Pilze im Rohzustand nicht so gut vertragen, dann einfach die Pilze für etwa 20 Minuten bei einer Backofentemperatur von 45 °C leicht trocknen lassen.
Es gibt ein spezielles Olivenöl mit Orangengeschmack auch bereits fertig zum Kaufen, das können Sie ebenfalls verwenden. Ein mit Zitronen aromatisiertes Olivenöl passt auch gut.

Wissenswertes Austernpilze wachsen nach der Ernte noch einige Tage weiter. Das macht sich zuweilen in Form eines flockigen, weißen Belags auf der Oberfläche bemerkbar. Dies ist jedoch unschädliches Wurzelgeflecht und hat keinerlei Einfluss auf Geschmack oder Verträglichkeit. Frische Austernpilze haben ein festes, kerniges und saftiges Pilzfleisch. Der Hutrand ist glatt und nach unten gebogen.

Chicorée mit Tomatencreme

Macht Appetit auf mehr

Für 2 Portionen
1 große Chicoréestaude

Für den Dip:
3 Fleischtomaten
½ frische Peperoni
1 Knoblauchzehe
1 Schalotte
4 Stängel Basilikum
2 EL Olivenöl
Vollmeersalz · schwarzer Pfeffer

1 Den Chicorée vom Strunk befreien und die Blätter einzeln ablösen. Waschen, trockenschwenken und die Chicoréeblätter auf einem Teller bereit legen.
2 Die Fleischtomaten und die Peperoni waschen. Die Tomaten kleiner schneiden und die Peperoni entkernen. Knoblauchzehe sowie Schalotte schälen und kleiner schneiden.
3 Basilikum waschen und die Blätter von den Stängeln zupfen. Alle vorbereiteten Zutaten im Küchenmixer mit dem Olivenöl cremig pürieren. Mit Vollmeersalz und Pfeffer würzen, in zwei Portionsschalen verteilen und den Dip zum Chicorée servieren.

Zubereitungszeit: 20 Minuten

Variante Für Rohkost-Grenzgänger: Diese feine, fruchtige Sauce lässt sich mit einem Klecks Kräuter-Crème-fraîche, saurer Sahne oder Mascarpone noch toppen. Außerdem kann man noch fein gehackte Kapern und Sardellenfilets unterziehen. Zum Dippen Taco-Chips oder frisch gebackenes Ciabatta bereitstellen.

Wissenswertes Tomaten unterscheiden sich durch unterschiedliche Züchtungen in Größe, Form, Säure-, Wasser- oder Zuckergehalt. Es gibt unzählige Sorten, die jedoch oftmals im Aussehen besser sind als im Geschmack. Gehen Sie Ihrer Nase nach und schnuppern Sie ein wenig an den Tomaten, bevor sie in Ihrem Einkaufskorb landen. Grundsätzlich gilt, dass die „Kleinen" meist aromatischer und fruchtiger als die „Großen" schmecken.

Zucchini mit Hummus

Nussig-lecker

Für 2 Portionen
200 g Kichererbsenkeimlinge
Saft von ½ Zitrone
1 Knoblauchzehe
½ Bund glatte Petersilie
2 EL Cashew- oder Mandelmus (Reformhaus)
5 EL Olivenöl
Salz · schwarzer Pfeffer
1 Msp. gemahlener Cayennepfeffer
1 Msp. gemahlener Kreuzkümmel
1 Msp. edelsüßes Paprikapulver
50 g Sesamsamen

Außerdem:
500 g Zucchini

1 Die Kichererbsenkeimlinge waschen und gut abtropfen lassen. Zusammen mit dem Zitronensaft in den Mixer geben. Die Knoblauchzehe schälen. Petersilie waschen, trockenschwenken und die Blättchen von den Stängeln zupfen.
2 Alle vorbereiteten Zutaten mit dem Cashew- oder Mandelmus sowie dem Olivenöl im Küchenmixer pürieren. Mit Salz, Pfeffer, Cayennepfeffer, Kreuzkümmel und Paprikapulver würzen. In zwei Portionsschalen füllen und mit Sesam bestreuen.
3 Die Zucchini waschen, Stiel- und Blütenansatz entfernen und das Fruchtfleisch in handliche Stäbe schneiden. Auf zwei Tellern anrichten und mit dem Hummus servieren.

Zubereitungszeit: 30 Minuten

Profitipp Echter Hummus oder Hoummous, der ein fester Bestandteil der arabischen Küche ist, wird normalerweise mit gekochten Kichererbsen zubereitet. Wir helfen uns in der Rohkostküche mit Keimlingen aus Kichererbsensamen, damit wir das Aroma der „lustigen Erbse" auch schmecken.

Variante Nicht-Rohköstler können bei diesem Rezept zur Tahini-Mischung greifen, einer fertigen Sesampaste, die es in gut sortierten Lebensmittelabteilungen der Kaufhäuser gibt.

Tomatenstreifen mit Mispelsauce

FARBENFROHER GENUSS

FÜR 2 PORTIONEN
6 Tomaten

FÜR DEN DIP:
3 Stängel Koriandergrün · 200 g Mispeln
1 EL Honig
Kräutersalz · schwarzer Pfeffer
1 Msp. Chilipulver · 1 Msp. Currypulver
1 Hauch gemahlener Zimt

1 Die Tomaten waschen, halbieren, entkernen und das Fruchtfleisch in breitere Streifen schneiden.

2 Das Koriandergrün waschen, die Blättchen von den Stängeln zupfen und fein hacken. Die Mispeln waschen, die dünne Haut abziehen, die Früchte halbieren und das Kerngehäuse entfernen. Anschließend das Fruchtfleisch im Küchenmixer mit Honig pürieren. Mit Kräutersalz, Pfeffer, Chilipulver, Curry und Zimt würzen. Zuletzt das Koriandergrün unterrühren.

3 Die Mispelsauce in zwei Portionsschalen verteilen, auf zwei große Teller geben und ringsum die Tomatenstreifen zum Dippen anrichten.

ZUBEREITUNGSZEIT: 15 MINUTEN

VARIANTE Sollten Sie keine frischen Mispeln bekommen, so stehen Papaya, Mango oder Pfirsich zur Auswahl. Diese Früchte sind besonders empfänglich für eine scharfe Würze, wie beispielsweise Tabasco, frische Chiliwürfel oder Chilipulver. Anstatt Koriandergrün können Sie auch Petersilie verwenden.

WISSENSWERTES Mispeln sind ein Import aus den Mittelmeerländern. Leider sind sie selten im Handel, aber wenn sie verfügbar sind, dann schnell zugreifen! Am besten schmecken sie nach dem ersten Frost. Mispeln können roh gegessen werden, dabei nach Belieben die Haut abziehen und die Kerne entfernen. Die gesundheitliche Bedeutung der gelben Früchtchen liegt im Pektin und der Apfelsäure: Sie wirken darmregulierend.

Jackfrucht mit Chilidip

EXTRAVAGANTE KOMPOSITION

FÜR 2 PORTIONEN
1 Tomate
½ kleine rote Chilischote
1 Knoblauchzehe
½ Lauchstange (nur das Weiße)
2 EL Apfelessig
etwas abgeriebene Schale von 1 unbehandelten Orange
¼ TL Kreuzkümmel · ½ TL getrockneter Oregano
Salz · schwarzer Pfeffer

AUSSERDEM:
500 g Jackfruchtfleisch (siehe Wissenswertes)

1 Die Tomate waschen und vierteln. Die Chilischote waschen und den Stielansatz entfernen. Die Knoblauchzehe schälen und halbieren. Die Lauchstange längs halbieren, gründlich waschen und grob zerschneiden.

2 Alle vorbereiteten Zutaten im Küchenmixer mit dem Apfelessig, 2 bis 3 EL lauwarmem Wasser sowie der Orangenschale cremig pürieren. Mit Kreuzkümmel, Oregano, Salz und Pfeffer würzen. In zwei Portionsschalen verteilen.

3 Aus dem Jackfruchtfleisch die sechseckigen, feigengroßen Einzelfrüchte auslösen (nur diese machen den essbaren Teil der Frucht aus!), die Kerne entfernen und die Früchte auf zwei Teller verteilen. Mit dem Dip genießen.

ZUBEREITUNGSZEIT: 20 MINUTEN

VARIANTE Wem der Dip eine Spur zu scharf ist, der sollte mit Honig süßen oder über die fertige Sauce ungesüßte Kokosnussraspel streuen.

WISSENSWERTES Jackfrüchte werden bis zu 40 kg schwer. Reife Früchte erkennt man an der teilweise gelb gefärbten Schale und sie sollten auf Druck etwas nachgeben. Das Fruchtfleisch ist ziemlich klebrig, im Geschmack erinnert es an Durian, Feigen und ein wenig an Honig. Frische Jackfrucht bekommt man im Asienladen, wo von der großen Frucht Scheiben, Viertel oder größere Stücke verkauft werden.

Paksoi mit Mandeltunke
WIE AUS 1001 NACHT

FÜR 2 PORTIONEN
100 g gemahlene Mandeln
1 scharfe oder milde Peperoni
2 Knoblauchzehen
100 ml Olivenöl · 1 Schuss heller Essig
¼ TL gemahlener Kümmel
¼ TL edelsüßes Paprikapulver
1 Msp. rosenscharfes Paprikapulver
Salz · schwarzer Pfeffer

AUSSERDEM:
1 kleine Staude Paksoi

1 Den Backofen auf 45 °C vorheizen und die gemahlenen Mandeln breitflächig auf einem Backblech ausstreuen. Dann in den Ofen schieben und etwa 50 Minuten antrocknen lassen.
2 Inzwischen die Peperoni putzen, entkernen und in Stücke schneiden. Die Knoblauchzehen schälen.
3 Die Mandeln zusammen mit der Peperoni, dem Knoblauch, dem Olivenöl und dem Essig im Küchenmixer pürieren. Mit Kümmel, den beiden Sorten Paprikapulver, Salz und Pfeffer würzen. Abschmecken, eventuell 1 bis 2 Esslöffel Wasser unterrühren und den Dip in zwei Portionsschalen verteilen.
4 Den Paksoi in Blätter zerteilen und dabei vorhandene harte Stellen entfernen. Die Blätter längs halbieren, sodass man sie gut zum Dippen in der Hand halten kann. Waschen, abtropfen lassen und auf einem Teller anrichten.

ZUBEREITUNGSZEIT: 30 MINUTEN + TROCKENZEIT: 50 MINUTEN

VARIANTE Alternativ eignen sich zum Dippen und Tunken alle knackigen Salatsorten, wie beispielsweise Romana, die Herzblätter vom Kopfsalat, Eisbergsalat oder auch Chicorée.

WISSENSWERTES Paksoi oder Pak-Choi ist mit Chinakohl zu vergleichen. Sein Geschmack ist würzig, die Blätter sind saftig und knackig. Ursprünglich kommt Paksoi aus dem Fernen Osten, wird aber wegen seiner guten Lagerfähigkeit nun auch in Europa gezüchtet und angebaut.

Avocadostreifen mit Thai-Tunke
DAVON KANN MAN GAR NICHT GENUG BEKOMMEN

FÜR 2 PORTIONEN
½ kleine rote Chilischote
3 Stängel Koriandergrün
1 TL Honig
2 EL heller Essig

AUSSERDEM:
2 kleine, reife Avocados

1 Chilischote waschen, Stielansatz entfernen und das Fruchtfleisch mit den Kernen fein hacken. Das Koriandergrün waschen, trockenschütteln, die Blättchen von den Stängeln zupfen und fein hacken.
2 Den Honig mit dem Essig und etwa 10 Esslöffeln Wasser verquirlen. Chiliwürfel und Koriandergrün unterziehen. Die Sauce in zwei Portionsschalen füllen.
3 Die Avocados halbieren, Kerne entfernen, das Fruchtfleisch auslösen und in Spalten schneiden. Auf zwei Tellern dekorativ anrichten und portionsweise in die Thai-Tunke dippen.

ZUBEREITUNGSZEIT: 20 MINUTEN

PROFITIPP Die Thai-Tunke, Nam som kratiem, ist im Original ein bisschen anders: Anstatt Honig wird Zucker verwendet. Chilischote, Knoblauch und Salz werden im Mörser zerrieben und mit Essig im Mixer schaumig aufgeschlagen. Obiges Rezept ist eine Ableitung, die jedoch zu den Avocados hervorragend schmeckt.

WISSENSWERTES Avocados haben zwar pro 100 g etwa 200 kcal zu bieten, aber das Fruchtfleisch ist reich an Vitamin B1 und B2 sowie an Vitamin E und Mineralstoffen. Die mehrfach ungesättigten Fettsäuren der Avocado senken den Cholesterinspiegel und stärken das Immunsystem. Die bekanntesten Sorten sind die grüne, ovale Ettinger oder Fuerte, die grüne, runde Nabal und die fast schwarze Hass, die eine runzelige Schale hat.

Radicchio mit Mandelsauce
Spanisch inspiriert

Für 2 Portionen
100 g gemahlene Mandeln
1 getrocknete rote Chilischote
2 Knoblauchzehen · 250 g Tomaten
4 Stängel Petersilie
1 TL Honig · 1 EL Aceto balsamico
100 ml Olivenöl
Kräutersalz · schwarzer Pfeffer

Ausserdem:
2 Köpfe Radicchio

1 Den Backofen auf 45 °C vorheizen und die gemahlenen Mandeln breitflächig auf einem Backblech ausstreuen. Dann in den Ofen schieben und etwa 50 Minuten antrocknen lassen.
2 Die Chilischote sehr fein zerbröseln. Knoblauch schälen. Die Tomaten waschen und grob zerschneiden. Petersilie waschen, trockenschütteln und die Blättchen von den Stängeln zupfen.
3 Chili, Knoblauch, Tomaten und Petersilie mit Honig, Aceto balsamico und Olivenöl im Mixer pürieren. Anschließend die Mandeln unterrühren. Mit Kräutersalz und Pfeffer würzen und den Dip in zwei Portionsschalen verteilen.
4 Radicchio putzen, in Blätter zerteilen, waschen und trockenschwenken. Die einzelnen Blätter auf zwei Teller verteilen und je eine Schale mit Mandelsauce dazu stellen.

Zubereitungszeit: 40 Minuten + Trockenzeit: 50 Minuten

Variante Statt der Petersilie können Sie zum Beispiel auch Koriandergrün verwenden.
Das Rezept für die Mandelsauce ist der spanischen Romesco-Sauce nicht unähnlich. Wer nicht nur reine Rohkost mag, kann das Original ausprobieren: Dafür werden gemahlene Mandeln in einer Pfanne geröstet, mit Zucker bestreut, karamellisiert und mit Rotweinessig abgelöscht. Den Pfanneninhalt dann in eine Schüssel geben und mit dem Olivenöl aufschlagen. Mit Knoblauch, Salz und Pfeffer würzen und die Sauce mit Streifen von Romana-Salat vermengen.

Makadamia-Gurken-Topf mit Kirschtomaten
Würzige Mischung

Für 2 Portionen
1 Salatgurke · 1 Msp. gemahlene Muskatnuss
1 Msp. gemahlene Muskatblüte (Macis)
1 Msp. getrockneter Majoran
1 TL Mandelmus (Reformhaus) · 2 EL Macadamiaöl
50 g geschälte Macadamianüsse
Kräutersalz · grob geschroteter schwarzer Pfeffer

Ausserdem:
8–10 Kirschtomaten
Zahnstocher

1 Die Salatgurke schälen und grob zerschneiden. Zusammen mit den Gewürzen, dem Mandelmus sowie dem Macadamiaöl im Küchenmixer kräftig pürieren.
2 Die Nüsse in ein Küchentuch wickeln und mit dem Fleischklopfer zerkleinern. Das Gurkenmus mit Kräutersalz und Pfeffer würzen. Die Macadamianüsse einrühren und in zwei Portionsschalen verteilen.
3 Die Kirschtomaten waschen, vierteln und jeweils einen Zahnstocher hineinstecken. Kirschtomaten mit dem Dip servieren.

Zubereitungszeit: 20 Minuten

Profitipp Falls Sie Ihren Gurkentopf musiger und nicht so flüssig haben möchten: Die Gurke schälen, entkernen und grob raspeln. Anschließend in einem Sieb gut abtropfen lassen. Erst dann mit dem Mandelmus und dem Macadamiaöl pürieren.

Wissenswertes Ungeschälte Macadamianüsse werden fast immer in einer hübschen Schachtel inklusive einem extra dafür konzipierten Nussknacker, ähnlich einem Schraubstock, verkauft. Die Schalen sind so hart, dass normale Nussknacker keine Chance hätten! Macadamianüsse gibt es auch geschält, natur oder in vielen Geschmacksrichtungen aromatisiert: Von Chili bis Wasabi reicht die Palette. Das aus den Nüssen gewonnene Öl ist schmackhaft-nussig und vor allem cholesterinfrei.

Grüner Spargel mit Kresse
Grüner Gaumenkitzel

Für 2 Portionen
2 Kästchen Kresse
1 Knoblauchzehe
100 ml Olivenöl
etwas Zitronensaft
Salz
schwarzer Pfeffer
Nach Belieben: Cayennepfeffer

Ausserdem:
500 g saftige grüne Spargelstangen

1 Die Kresse aus den Kästchen schneiden, waschen und trockenschwenken. Knoblauch schälen. Beides im Küchenmixer mit dem Olivenöl pürieren. Mit Zitronensaft, Salz, Pfeffer und nach Belieben mit Cayennepfeffer abschmecken. Die Sauce in zwei Portionsschalen verteilen.
2 Die Spargelstangen waschen, nach Belieben das untere Drittel etwas schälen und die Stangenenden um etwa 1 cm kürzen. Stangenweise in das Kresseöl dippen und genießen.

Zubereitungszeit: 30 Minuten

Variante Für Rohkost-Grenzgänger: Die Kressesauce lässt sich anstatt mit Olivenöl auch mit einer Mischung aus saurer Sahne und Vollmilchjoghurt zubereiten. Zusätzlich mit gehackten Pinienkernen oder Cashews variieren.

Wissenswertes Der weiße Spargel ist der König unter den Gemüsen: Aufrecht, hell-elegant und mit einer Krone, dem sanften Spargelköpfchen gekrönt. Das kann nur entstehen, wenn das Gemüse, kaum an der Erdoberfläche angekommen, schnell geerntet wird. Der grüne Spargel hat da das Nachsehen, weil er sich zu sehr nach oben drängt. Doch im Geschmack ist er würziger, nussiger und enthält zudem mehr Vitamine als der weiße. Grüner Spargel braucht kaum geschält zu werden, die zarten Stangen schmecken roh besonders lecker.

Fenchel mit Orangenöl
Fruchtige Note

Für 2 Portionen
1 EL getrocknete Orangenschalen (siehe Profitipp)
¼ TL schwarze Pfefferkörner
1 TL Sesamsamen
einige Safranfäden
100 ml Olivenöl
Vollmeersalz

Ausserdem:
1 große Fenchelknolle

1 Die Orangenschalen mit Pfefferkörnern, Sesamsamen und den Safranfäden im Mörser kräftig zerreiben. Anschließend mit Olivenöl verrühren und mit Vollmeersalz würzen.
2 Die Fenchelknolle vierteln, vom Strunk befreien und waschen. Dann in Streifen zum Dippen schneiden. Das Fenchelkraut fein hacken, unter das Olivenöl rühren und den Dip in zwei Portionsschalen füllen.
3 Fenchelstreifen auf zwei Teller verteilen und dazu den Orangenöl-Dip servieren.

Zubereitungszeit: 20 Minuten

Profitipp Für die getrockneten Orangenschalen unbehandelte Orangen heiß waschen und mit Küchenpapier fest abreiben. Die orangefarbene Schale abschneiden, aber so, dass keine weiße Haut daran ist. Den Backofen auf 45 °C vorheizen und die Orangenschalen auf einem Backblech verteilen. In den vorgeheizten Backofen schieben und die Schalen etwa 3 Stunden trocknen lassen. Aber Achtung: Die Schalen sollen sich nicht dunkel verfärben, sondern ihr orangefarbenes Aussehen behalten. Die getrockneten Orangenschalen lichtdicht in gut schließenden Dosen aufbewahren.
Getrocknete Orangenschalen lassen sich gut im Mörser oder im Küchenmixer zerkleinern. Man kann sie aber auch in speziellen Mühlen, etwa in Mandelmühlen, zu Pulver vermahlen.

Grapefruit mit Olivendip

Ungewohnte Kombination

Für 2 Portionen
100 g grüne Oliven mit Mandelfüllung
3 EL Olivenöl
grob geschroteter schwarzer Pfeffer

Ausserdem:
je 1 helle und 1 rosa Grapefruit

Zum Bestreuen:
50 g gehackte Mandeln

1 Die Oliven sehr fein hacken und mit dem Olivenöl verrühren. In zwei Portionsschalen füllen und mit Pfeffer bestreuen.
2 Die Grapefruits so schälen, dass auch die weiße Haut entfernt ist. Die Filets auslösen und auf zwei Teller verteilen.
3 Die Grapefruitfilets im Olivendip wenden, mit den Mandeln bestreuen und genießen.

Zubereitungszeit: 15 Minuten

Profitipp Aus dieser „Dipperei" lässt sich schnell ein Salat zubereiten: Dazu schwarze und grüne Oliven mit Paprika- und Mandelfüllung mit den Grapefruitfilets flächig auf zwei Tellern verteilen. Mit frisch gehackter Petersilie und gehackten Pinienkernen bestreuen und mit Olivenöl beträufeln.

Wissenswertes Der Name Grapefruit stammt aus dem Englischen (grape = Traube) und rührt wohl daher, dass die runden Früchte wie Trauben dicht beieinander am Baum hängen. Im Deutschen werden Grapefruits fälschlicherweise oft als Pampelmuse bezeichnet; diese sind jedoch Verwandte der Grapefruit und die größten aller Zitrusfrüchte. Die Kreuzung aus beiden Früchten heißt Pomelo. Lassen Sie sich jedoch nicht verwirren, wenn Sie in Frankreich oder Spanien sind: In romanischen Sprachen ist Pomelo die Bezeichnung für die Frucht, die wir als Grapefruit kennen. Außer in Italien, dort heißt sie Pompelmo ...

Ananas mit Honigsauce

Pikant-fruchtig

Für 2 Portionen
1 Babyananas

Für den Dip:
Saft von 2 Orangen
2 EL Honig
1 Msp. Currypulver
Saft von 1/2 Zitrone
abgeriebene Schale von 1/2 unbehandelten Orange
grob geschroteter schwarzer Pfeffer
2 EL Sonnenblumenöl

1 Die Babyananas schälen, längs vierteln, Strunk entfernen und das Fruchtfleisch in Ecken schneiden. Auf zwei Teller verteilen.
2 Den Orangensaft durch ein Sieb passieren. Aus Honig, Curry, Zitronen- und Orangensaft eine Marinade rühren. Mit Orangenschale und wenig Pfeffer würzen und zuletzt das Sonnenblumenöl unterschlagen.
3 Die Honigsauce in zwei Dipschalen füllen und dazu die vorbereiteten Ananasecken servieren.

Zubereitungszeit: 20 Minuten

Variante Zu der Honigsauce passen auch Bananen, Melonen, Äpfel, Birnen, Pflaumen oder Aprikosen. Wenn Sie möchten, können Sie die gedippten Fruchtstücke in gehackten Nüssen wenden. Empfehlenswert sind Walnüsse, Cashews, Haselnüsse, Pinienkerne und Pistazien.
Wenn es schnell gehen soll, ersetzt guter Orangensaft aus dem Tetra Pak oder aus der Flasche den frisch gepressten Saft. Aber darauf achten, dass es 100%iger Saft und kein mit Zucker versetzter, süßer Nektar ist!

Wissenswertes Die Wahl der Orangen entscheidet über den Geschmack: Soll das Dressing gut säuerlich oder nur eine Spur säuerlich sein? Sie können auch Mandarinen, Satsumas oder Blutorangen ausprobieren.

Frische Feigen mit Koriandertunke

Gepfefferte Köstlichkeit

Für 2 Portionen
2 Tomaten
½ rote, milde oder scharfe Peperoni
1 Knoblauchzehe · 5 EL Olivenöl
½ TL Korianderkörner · einige Safranfäden
1 TL eingelegte grüne Pfefferkörner
Salz · grob geschroteter schwarzer Pfeffer

Ausserdem:
6 frische Feigen

1 Die Tomaten sowie die Peperoni waschen. Knoblauch schälen. Diese drei Zutaten im Küchenmixer mit Olivenöl cremig pürieren.
2 Korianderkörner im Mörser mit den Safranfäden sowie den grünen Pfefferkörnern zerreiben und unter das Tomatenmus rühren. Mit Salz und Pfeffer würzen und den Dip in zwei Portionsschalen füllen.
3 Die Feigen waschen, in Viertel schneiden und auf zwei Tellern anrichten. Zusammen mit dem Dip servieren.

Zubereitungszeit: 20 Minuten

Variante Die Koriandertunke kann mit Gewürzen wie gemahlener Kurkuma (Gelbwurz), Kreuzkümmel (Kumin), Sesamsamen, frisch gehacktem Koriandergrün, etwas Apfeldicksaft und etwas Zitronen- oder Limettensaft zu einem vollständig neuen Dip variiert werden.

Wissenswertes Brasilien, Frankreich, Italien, Griechenland, die Türkei und Israel versorgen uns ganzjährig mit frischen Feigen. Die grüngelben bis violetten, birnen- oder tropfenförmigen Früchte können für Desserts, aber auch für pikante Zubereitungen verwendet werden. Das rosafarbene bis rötliche Fruchtfleisch ist mitsamt den kleinen Kernen essbar. Am besten die Früchte in Viertel schneiden und die Haut etwas nach außen biegen, sodass man das Fruchtfleisch leicht mit den Zähnen abziehen kann.

Mandel-Pflaumen mit Ingwersauce

Nicht alltäglicher Genuss

Für 2 Portionen
50 g getrocknete Aprikosen
50 ml Apfelsaft · 4 Stängel glatte Petersilie
4–5 große blaue Pflaumen
16 bis 20 ganze Mandeln
etwa 3 cm Ingwerwurzel · 1 EL Apfelessig · 1 TL Honig
1 Msp. gemahlener Zimt · 1 Prise Cayennepfeffer

Ausserdem:
16–20 Zahnstocher

1 Die Aprikosen mit Apfelsaft übergießen und etwa 20 Minuten einweichen lassen. Inzwischen die Petersilie waschen, trockenschwenken und die Blättchen von den Stängeln zupfen.
2 Die Pflaumen waschen, halbieren, den Stein entfernen und die Pflaumenhälften in Scheiben schneiden. Jeweils eine Mandel in eine Pflaumenscheibe einwickeln und das Fruchtfleisch mit einem Zahnstocher fixieren.
3 Den Ingwer schälen und grob zerkleinern. Die eingeweichten Aprikosen mit Apfelessig, Honig, Petersilie und Ingwer im Küchenmixer fein pürieren. Mit Zimt und Cayennepfeffer würzen und in zwei Portionsschalen verteilen. Die Mandel-Pflaumen zum Dippen dazu servieren.

Zubereitungszeit: 30 Minuten

Varainte Statt Apfelsaft können Sie auch Multivitaminsaft oder einen Orangen-Möhren-Saft verwenden. Anstatt der Pflaumen eignen sich auch Scheiben von frischen Feigen oder Zwetschgen, die entkernt und mit Mandeln gefüllt werden.

Wissenswertes Mandeln sind durch ihren hohen Fettgehalt nicht allzu lange lagerfähig. Man sollte sie grundsätzlich in verschlossenen Gläsern kühl aufbewahren. Mandeln in der Schale halten sich etwa 6 Monate, ungehäutete Mandeln etwa 3 Monate. Abgepackte Mandelblättchen, -splitter oder -stifte sollten innerhalb von 6 Wochen aufgebraucht werden.

Da haben Sie den Salat!

Feldsalat mit Shiitakepilz-Öl

FEIN MIT SELLERIE KOMBINIERT

FÜR 2 PORTIONEN
100 g frische Shiitake-Pilze
1 Schalotte · 2 Knoblauchzehen
½ Bund Kerbel · ¼ TL Reformsenf
1 EL Reisessig · 8 EL Sojaöl
Vollmeersalz · schwarzer Pfeffer
200 g Feldsalat · 1 Stange Staudensellerie

1 Die Pilze putzen, Stiele herausdrehen und die Hüte sehr fein hacken. Schalotte und Knoblauchzehen schälen und fein würfeln. Den Kerbel waschen, Blättchen abzupfen und fein hacken.
2 Reformsenf, Reisessig und Sojaöl verrühren. Shiitake-, Schalotten- und Knoblauchwürfel sowie den Kerbel einrühren. Mit Vollmeersalz und Pfeffer würzen.
3 Den Feldsalat verlesen, waschen und trockenschwenken. Den Staudensellerie putzen, waschen und in dünne kleine Stäbe schneiden. Feldsalat und Selleriestäbe in einer Schüssel mit dem Pilzdressing locker vermengen.

ZUBEREITUNGSZEIT: 20 MINUTEN

VARIANTE Sie können Salat und Selleriestäbe auch einfach in die Sauce dippen. Dann sollten Sie die Stäbe etwas größer schneiden und den Feldsalat nicht von den Wurzelansätzen lösen, sondern die ganzen Büschel in die Sauce dippen. Es könnte allerdings sein, dass Sie dann mehr vom Dip benötigen – also lieber etwas mehr vorbereiten.

WISSENSWERTES Früher bekam man den würzigen Shiitake-Pilz nur getrocknet als Importprodukt aus Japan, Taiwan oder Korea. Inzwischen ist er auch in Europa ein Zuchtpilz, den man ganzjährig frisch erhält. Die zähen Stiele sollte man vor dem Verzehr entfernen! Der gesundheitliche Aspekt ist sehr interessant, denn in diesem Pilz stecken nicht nur die hochwertigen Vitamine B und D, sondern auch Calcium und Phosphor. Der Pilz wirkt blutdruck- und cholesterinsenkend und hemmt Grippeviren.

Bunter Paprikasalat mit Datteln

FARBE AUF DEN TELLER!

FÜR 2 PORTIONEN
4 Paprikaschoten (lila, gelb, rot, grün)
5 getrocknete Datteln
1 Bund Schnittlauch
½ unbehandelte Orange
1 EL Akazienhonig
5 EL Rapsöl
Salz
schwarzer Pfeffer

1 Die Paprikaschoten waschen, entkernen und in breite Streifen schneiden. Die Datteln entkernen und sehr fein würfeln.
2 Den Schnittlauch waschen, trockenschütteln und in Röllchen schneiden. Die Orange heiß waschen, mit einem Tuch trockenreiben und die Schale fein abreiben. Den Saft auspressen und durch ein Sieb passieren.
3 Orangensaft mit Akazienhonig und Rapsöl verrühren. Orangenschale, Schnittlauch und Datteln unterrühren. Mit Salz und Pfeffer würzen und alles mit den bunten Paprikastreifen locker vermischen.

ZUBEREITUNGSZEIT: 20 MINUTEN

WISSENSWERTES Gemüsepaprika wird je nach Sorte und Reifegrad in den Farben grün, rot, gelb, orange, violett, schwarz und weiß angeboten. Orangefarbene und rote Paprikaschoten sind reif, bei grünen Exemplaren handelt es sich um unreife Früchte. Violette, schwarze und weiße Paprika sind spezielle Sorten. Bei einer Blindverkostung könnte man die unterschiedlichen Farben jedoch nur schwer zuordnen. Fazit: Die Neuzüchtungen sind mehr etwas fürs Auge. Beim Erhitzen verlieren die violetten und sehr dunklen Sorten ihre auffällige Farbe, im gegarten Zustand sind sie wieder grün. Gemüsepaprika ist ein wichtiger Vitamin-C-Lieferant, die fruchtigen mild-süßlichen Schoten besitzen mehr Vitamin C als Zitrusfrüchte, wobei die roten Früchte die unreifen grünen bei weitem übertreffen.

Chinakohl mit Johannisbeeren

CROSSOVER-KÜCHE VOM FEINSTEN

FÜR 2 PORTIONEN
½ Chinakohl (etwa 400 g)
100 g Sojasprossen
4 Stängel Koriandergrün
100 g Rote Johannisbeeren
50 g ungesalzene Erdnüsse
1 TL Erdnusspaste
Saft von 1 Orange
Kräutersalz · grob geschroteter schwarzer Pfeffer

1 Den Chinakohl in Streifen schneiden, waschen und gründlich abtropfen lassen. Die Sojasprossen waschen und gut abtropfen lassen. Koriandergrün waschen, trockenschütteln, die Blättchen von den Stängeln zupfen und fein hacken.

2 Die Johannisbeeren abzupfen, waschen und gut abtropfen lassen. Die Erdnüsse mit der Erdnusspaste und dem Orangensaft im Küchenmixer pürieren.

3 Alle vorbereiteten Zutaten miteinander vermengen. Mit Kräutersalz sowie mit Pfeffer würzen.

ZUBEREITUNGSZEIT: 15 MINUTEN

VARIANTE Zusätzlich mit Orangenfilets, Kokosraspel oder grünen, eingelegten Pfefferkörnern garnieren. Frische Minzeblättchen oder Granatapfelkerne machen sich ebenfalls sehr gut!

WISSENSWERTES Dreierlei Sorten Johannisbeeren werden angeboten: Die Rote Johannisbeere, eine relativ saure Beere. Meist wird sie eingekocht und zu Sirup oder Wein verarbeitet. Ihr Saft gilt als sehr harntreibend. Die Schwarze Johannisbeere ist eine süße Frucht, die auch als Grundlage für den berühmten Cassis-Likör Verwendung findet. Im gesundheitlichen Bereich schreibt man ihr eine Heilwirkung bei Arthritis zu. Die Weiße Johannisbeere wird vornehmlich roh gegessen. Sie ist süßer als die rote.

Eichblatt-Gemüse-Salat mit Nussdressing

LECKER BIS ZUM LETZTEN BISSEN

FÜR 2 PORTIONEN
½ Eichblattsalat · 1 Kästchen Kresse
4 Tomaten · 1 rote Paprikaschote · 1 rote Zwiebel
1 kleiner Zucchino · 1 TL Mandelpaste (Reformhaus)
1 TL Honig · 50 ml Walnussöl
1 EL Himbeeressig · Meersalz · schwarzer Pfeffer

1 Den Eichblattalat waschen, in mundgerechte Stücke zupfen und trockenschwenken. Die Kresse aus dem Kästchen schneiden, waschen und abtropfen lassen.

2 Tomaten waschen, zwei davon in kleine Stücke schneiden. Die Paprikaschote waschen, entkernen und in Streifen schneiden. Die Zwiebel schälen und in feine Ringe schneiden. Zucchino waschen und auf einer Küchenreibe grob raffeln.

3 Die übrigen Tomaten grob zerschneiden und zusammen mit der Mandelpaste, dem Honig, Walnussöl und Himbeeressig im Küchenmixer zu einem sämigen Dressing pürieren. Bei Bedarf eventuell noch 2 bis 3 EL kaltes Wasser unterrühren. Mit Meersalz und Pfeffer würzen.

4 Alle vorbereiteten Zutaten in einer Schüssel locker mit dem Dressing vermengen.

ZUBEREITUNGSZEIT: 30 MINUTEN

VARIANTE Bei dieser Salatschüssel können Sie je nach Saison und kulinarischen Vorlieben variieren. Zusätzlich Mandelblättchen oder gehackte Walnüsse, saftige Spalten von Mangos oder Papayas, Champignons oder Cocktailtomaten hinzufügen.

WISSENSWERTES Warum wird beim Zwiebelschneiden immer geweint? Beim Anschneiden werden schwefelhaltige ätherische Öle wie das stechend riechende Allicin und andere organische Sulfide freigesetzt. Sie reizen die Schleimhäute und locken Tränen hervor. Ob dagegen das Eintauchen der Zwiebel in kaltes Wasser, Zwiebelschneiden im Freien oder eine Taucherbrille helfen ist Spekulation ... Mein Tipp: Überlassen Sie das Zwiebelschneiden einem unempfindlichen Familienmitglied.

DA HABEN SIE DEN SALAT!

Orangen-Spinat-Salat
Farbenfrohe Optik

Für 2 Portionen

100 g junge Spinatblättchen
1 rote Zwiebel
50 g schwarze Oliven
2 saftige Orangen
2 EL Orangenblütenessig
1 TL Akazienhonig
4 EL Maiskeimöl
Kräutersalz · schwarzer Pfeffer

1 Den Spinat verlesen, waschen und gründlich abtropfen lassen. Die Zwiebel schälen, halbieren und in hauchdünne Ringe schneiden.
2 Die Oliven entsteinen und in Streifen schneiden. Die Orangen schälen, dabei auch die weiße Haut vollständig entfernen und die Filets auslösen.
3 Orangenblütenessig mit Akazienhonig sowie dem Maiskeimöl verrühren. Alle Salatzutaten locker in einer Schüssel vermengen und mit Kräutersalz und Pfeffer würzen. Auf zwei Teller verteilen und sofort genießen.

Zubereitungszeit: 30 Minuten

Variante Wer nicht ausschließlich Rohkost mag, kann frisch gehobelte Parmesanspäne, geröstete Pinienkerne und ein paar frische, in Streifen geschnittene Oreganoblättchen über den Salat streuen. Dazu einen Orangentee genießen.

Wissenswertes „Spinat macht mich jünger", so beschrieb einmal ein Sternekoch seine Beziehung zu Spinat als Rohkost. Der hohe gesundheitliche Wert liegt in der geringen Kalorienzahl – 15 kcal pro 100 g – und in den Inhaltsstoffen. Spinat besteht zu über 90 % aus Wasser und ist reich an Magnesium, Eisen, Phosphor, Kalium, Natrium, Vitaminen B1, Riboflavin und Niacin.

Artischockensalat
Lecker gemischt mit Champignons

Für 2 Portionen

4 kleine violette Artischocken
150 g Champignons
5 Stängel Basilikum
1 Schalotte
Saft von ¼ Zitrone
8 EL Olivenöl
Salz
schwarzer Pfeffer

1 Die Artischocken putzen und in sehr feine, dünne Scheiben schneiden. Die Champignons putzen, die Haut abziehen und die Pilze feinblättrig schneiden.
2 Basilikum waschen, trockenschütteln, die Blättchen abzupfen und in Streifen schneiden. Schalotte schälen und fein würfeln.
3 Zitronensaft mit Olivenöl verrühren und die Basilikumstreifen sowie die Schalottenwürfel unterrühren und die Marinade mit Salz und Pfeffer würzen.
4 Artischocken und Champignons mit der Marinade locker vermengen und auf zwei Teller verteilen.

Zubereitungszeit: 20 Minuten

Profitipp Die kleinen violetten Artischocken bekommt man leider nicht immer. Achten Sie im Winter und zeitigen Frühjahr in gut sortierten Obst- und Gemüsegeschäften oder auf Wochenmärkten darauf.

Variante Alternativ zur Rohkost kann man für diesen Salat auch gekochte große Artischocken, Artischockenböden oder -herzen aus dem Glas verwenden.

Weißkohlstreifen mit Szechuan-Pfeffer

ANKLANG AN DIE CHINESISCHE KÜCHE

FÜR 2 PORTIONEN
500 g Weißkohl
½ Bund glatte Petersilie
½ TL Szechuan-Pfefferkörner
100 ml ungesüßte Kokosnussmilch
1 TL Honig
Kräutersalz
schwarzer Pfeffer

1 Den Weißkohl putzen, auf einer Küchenreibe fein hobeln, waschen und gründlich abtropfen lassen. Die Petersilie waschen, trockenschütteln, die Blättchen von den Stängeln zupfen und fein hacken.
2 Die Pfefferkörner im Mörser grob zerreiben. Zusammen mit der Kokosnussmilch, der Petersilie sowie dem Honig unter den Weißkohl mischen.
3 Den Weißkohlsalat mit Kräutersalz und Pfeffer würzen. Noch etwa 10 Minuten durchziehen lassen und den Salat auf zwei Teller verteilen.

ZUBEREITUNGSZEIT: 30 MINUTEN

PROFITIPP Sollten Sie nur ungesüßte Kokosnussraspel zur Verfügung haben, so können Sie 50 g davon mit 100 ml kaltem Wasser verrühren und knapp 1 Stunde quellen lassen. Diese Mischung einfach unter die Weißkohlstreifen ziehen.

WISSENSWERTES Szechuan-Pfeffer stammt aus der Region Szechuan im Westen Chinas. Bei uns gibt es diese Pfefferbeeren meist geschrotet oder gemahlen zu kaufen, in Asialäden bekommt man auch ganze Körner. Das intensiv duftende Gewürz erinnert im Geschmack an eine Mischung aus Pfeffer, Muskat und Kardamom. Jedoch – die individuelle Note ist einzigartig.

Chicorée mit Grapefruit

HERRLICH SÜSS-SÄUERLICH

FÜR 2 PORTIONEN
2 Chicorée
1 rosa Grapefruit
1 Kästchen Kresse
Saft von 1 Orange
1 TL Honig
Meersalz
grob gemahlener roter Pfeffer
50 g Pinienkerne

1 Den Chicorée in Blätter teilen, waschen und quer in Streifen schneiden. Die Grapefruit schälen, dabei die weiße Haut entfernen, und die Filets auslösen.
2 Die Kresse aus dem Kästchen schneiden, waschen, trockenschütteln und fein hacken. Alle vorbereiteten Zutaten in einer Schüssel mit Orangensaft und Honig vermengen.
3 Den Salat mit Meersalz und Pfeffer würzen und auf Teller verteilen. Mit den Pinienkernen bestreuen.

ZUBEREITUNGSZEIT: 20 MINUTEN

VARIANTE Bei großem Appetit die Salatteller so richtig schön mit frischen Früchten dekorieren: Eine Handvoll entsteinter Kirschen, frisch geschnittene Orangenfilets, saftige Aprikosen in Stückchen geschnitten, Sternfrucht in Scheiben und viele gelbe Physalis. Noch ein paar gehackte Walnüsse darüber – und fertig ist die Sonnenküche.

WISSENSWERTES In 100 g Pinienkernen stecken stolze 670 Kcal/ 2820 KJ, 13 g Eiweiße, 60 g Fette und 20,5 g verwertbare Kohlenhydrate. Doch mit Pinienkernen geht man sicherlich sparsam um, weil sie – wie Macadamianüsse und auch Pistazien – zu den teuersten Nüssen weltweit gehören.

Gurken-Bananen-Mix
Mit feiner Passionsfrucht-Sauce

Für 2 Portionen
1 Salatgurke
1 Banane
Saft von 1/4 Zitrone
3 Stück Passionsfrüchte
1 TL Honig
1 Msp. gemahlene Muskatblüte (Macis)
grob geschroteter schwarzer Pfeffer

1 Die Salatgurke schälen, längs halbieren, entkernen und aus dem Fruchtfleisch kleine Stäbchen schneiden. Die Banane schälen, in Scheiben schneiden und mit dem Zitronensaft beträufeln.
2 Die Passionsfrüchte halbieren, das gallertartige Fruchtfleisch mit einem Löffel herausschaben und durch ein Haarsieb passieren. Das Mark mit Honig, Muskatblüte und Pfeffer würzen.
3 Gurkenstäbchen und Bananenscheiben auf zwei Tellern anrichten und die Passionsfruchtsauce darüber träufeln.

Zubereitungszeit: 20 Minuten

Variante Auch aus Kiwi lässt sich eine schöne Sauce zubereiten. Dazu die Kiwis schälen, im Mixer pürieren und mit Cayennepfeffer, Schnittlauchröllchen und Pfeffer würzen.

Wissenswertes Die Passionsfrüchte werden aus Mittelmeerländern, aber auch aus südamerikanischen und afrikanischen Ländern importiert. Es gibt über 400 Passiflora-Arten mit unterschiedlichen Früchten. Bei uns ist die Maracuja mit der grünen bis gelben Schale die bekannteste Passionsfrucht. Doch auch die orangefarbene Grenadilla sowie die Purpurgrenadilla sind gelegentlich erhältlich, vor allem in gut sortierten Obst- und Gemüsegeschäften oder in speziellen Feinkostläden.

Löwenzahnsalat mit Knoblauchdressing
Herb-würzig kombiniert

Für 2 Portionen
1/2 Bund glatte Petersilie · 2 Knoblauchzehen
5 EL Sonnenblumenöl · 1 TL Reformsenf · 1 EL Obstessig
Salz · schwarzer Pfeffer
250 g Löwenzahnblätter

Nach Belieben:
2 EL Mandelblättchen

1 Die Petersilie waschen, trockenschwenken, die Blättchen von den Stängeln zupfen und fein hacken. Knoblauch schälen und durch eine Knoblauchpresse in das Sonnenblumenöl drücken.
2 Knoblauchöl mit Reformsenf und Obstessig verquirlen. Das Dressing mit Salz und Pfeffer würzen.
3 Die Löwenzahnblätter putzen, waschen und abtropfen lassen. Größere Blätter quer in Streifen schneiden. Löwenzahnblätter mit dem Dressing locker vermengen und auf zwei Teller verteilen. Nach Belieben mit Mandelblättchen bestreuen.

Zubereitungszeit: 20 Minuten

Variante Wer sich nicht nach strengen Rohkostregeln ernährt, kann sich auch ein anderes Dressing zum Salat rühren: Mit einem elektrischen Handrührgerät 1 Eigelb mit 1 TL Reform- oder Dijon-Senf cremig rühren. Nach und nach 50 ml Olivenöl unterschlagen und mit 1 EL hellem Essig, Aceto bianco oder Sherryessig, würzen. Oder ein würziges Käsedressing aus Olivenöl, Aceto bianco und fein geriebenem Parmesan herstellen.

Wissenswertes Löwenzahn wächst zwar überall, aber am besten ist es, wenn Sie ihn vom Gemüsehändler oder auf dem Bauernmarkt kaufen. Denn das ist speziell gezüchteter Löwenzahn und der ist ideal für Ihren Salat. Er ist würzig und schmeckt etwa wie Endivie. Die frischen Blüten können Sie roh essen, genauso wie die Blätter. Grundsätzlich verträgt Löwenzahn alle Arten von Dressings: Fruchtig mit Orangensaft, leicht säuerlich mit einer kräftigen Vinaigrette aber auch mild mit Joghurt.

Da haben Sie den Salat!

Lauchsalat mit Zitronendressing

APPETITANREGENDE MISCHUNG

FÜR 2 PORTIONEN
1 Orange
50 g Rosinen
2 Stangen Lauch
4 Stängel Thymian
1 TL Honig
Saft von 1 Zitrone
5 EL Olivenöl
Salz · schwarzer Pfeffer

FÜR DIE GARNITUR:
Filets von 1 Orange

1 Die Orange auspressen und den Saft durch ein Haarsieb passieren, mit den Rosinen vermengen. Die Lauchstangen längs halbieren, den dunkelgrünen Teil entfernen. Die Stangen gründlich waschen und quer in feine Scheiben schneiden.
2 Thymian waschen, die Blättchen abzupfen und fein hacken. Aus Honig, Zitronensaft und Olivenöl eine Mariande rühren. Den Thymian unterrühren und alles mit Salz und Pfeffer würzen.
3 Sämtliche vorbereiteten Zutaten in einer Schüssel locker vermengen und bei Zimmertemperatur etwa 30 Minuten ziehen lassen. Anschließend auf zwei Teller verteilen und rundherum mit Orangenfilets garnieren.

ZUBEREITUNGSZEIT: 20 MINUTEN + MARINIERZEIT: 30 MINUTEN

VARIANTE Zusätzlich mit frischen Ananasecken, gelben Paprika- und Tomatenstreifen variieren. Anstatt Thymian können Sie auch frische Minze, Petersilie oder Kresse verwenden.

WISSENSWERTES Beim Lauch schmeckt auch der hellgrüne Teil gut, den dunkelgrünen Teil schneidet man jedoch besser weg. Lauchstangen halten sich bei Zimmertemperatur einige Tage, sie sollten aber aufgrund ihres starken Aromas nicht neben Äpfeln oder Birnen gelagert werden.

Scharfer Kürbissalat

KULINARISCHES AUS ÖSTERREICH

FÜR 2 PORTIONEN
500 g Kürbisfruchtfleisch (z. B. Muskat-, Hokkaido-Kürbis)
1 säuerlicher Apfel (z. B. Boskoop)
Saft von $1/2$ Zitrone
1 TL Honig
5 EL Kürbiskernöl
Salz · grob geschroteter schwarzer Pfeffer
Chilipulver oder Cayennepfeffer
1 Bund Schnittlauch

FÜR DIE GARNITUR:
2 EL Kürbiskerne

1 Das Kürbisfruchtfleisch ohne Schale in feine Streifen schneiden. Den Apfel waschen, abtrocknen und vierteln. Das Kerngehäuse entfernen und die Viertel in feine Streifen schneiden.
2 Zitronensaft mit Honig und Kürbiskernöl verrühren. Mit Salz, Pfeffer und Chilipulver kräftig abschmecken. Alle Zutaten in einer Schüssel locker vermengen und 30 Minuten ziehen lassen.
3 Den Schnittlauch waschen, trockenschütteln und in Röllchen schneiden, unter den Salat mischen. Auf zwei Teller verteilen und die Tellerränder mit Kürbiskernen garnieren.

ZUBEREITUNGSZEIT: 30 MINUTEN + MARINIERZEIT: 30 MINUTEN

VARIANTE Wer auch Milchprodukte mag, kann an Stelle des Kürbiskernöls auch eine Marinade aus Joghurt zubereiten. Dazu einfach 250 g Naturjoghurt mit Schnittlauch, Zitronensaft, gehacktem Dill oder Schnittlauchröllchen verrühren. Den Salat eventuell zusätzlich mit Parmesanspänen bestreuen.

WISSENSWERTES Während der Kürbissaison im Herbst ist die Auswahl groß. Doch nicht alle Sorten schmecken im rohen Zustand richtig gut. Daher meine Empfehlung: Butternut-Kürbis, Muskat- und Hokkaido-Kürbis sind roh am besten. Riesenkürbis, Spaghettikürbis, der kleine Patisson oder Rondini sind gegart schmackhafter. Lassen Sie sich am Gemüsestand beraten oder probieren Sie dort ein Stück.

Tomaten-Oliven-Salat
Mit arabischer Würznote

Für 2 Portionen

4 Fleischtomaten
1 rote Zwiebel
150 g schwarze Oliven
½ Bund glatte Petersilie
1 Knoblauchzehe
1 TL Honig
Saft von ½ Zitrone
5 EL Olivenöl
1 Prise gemahlene Kurkuma
½ TL gemahlener Kreuzkümmel
Salz
grob geschroteter schwarzer Pfeffer

1 Die Tomaten waschen, halbieren und in Scheiben schneiden. Die Zwiebel schälen und fein hacken. Die Oliven entsteinen und in Streifen schneiden.
2 Die Petersilie waschen, trockenschwenken, die Blättchen von den Stängeln zupfen und fein hacken. Die Knoblauchzehe schälen und durch eine Presse drücken.
3 Den Knoblauch mit Honig, Zitronensaft und Olivenöl verquirlen. Mit Kurkuma, Kreuzkümmel, Salz und Pfeffer würzen. Alle Salatzutaten locker miteinander vermischen und auf zwei Tellern anrichten.

Zubereitungszeit: 20 Minuten

Variante Wer nicht nur Rohkost pur genießen möchte, mischt sich unter den Salat noch geröstete mundgerechte Fladenbrot-Würfel. Außerdem kann der Salat gut mit Streifen von Datteln und Aprikosen sowie gegrillten Zucchini- oder Auberginenscheiben variiert werden.

Wissenswertes Würzende Helfer in der arabischen Küche sind vor allem frische Kräuter – und dies in üppiger Form. Allen voran Minze, Petersilie, Dill, Thymian, wilder Majoran und Koriander.

Sauerkrautsalat
Nostalgisches Geschmacks-Erlebnis

Für 2 Portionen

250 g naturbelassenes Sauerkraut
150 g helle und blaue Weintrauben gemischt
1 Apfel · 1 kleine Zwiebel
2 EL Maiskeimöl
Salz · schwarzer Pfeffer
Nach Belieben: gemahlener Kümmel

Für die Garnitur:

1 Apfel, in Spalten geschnitten
1 EL gehackte Petersilie

1 Das Sauerkraut mit einer Gabel zerzupfen oder mit dem Messer mehrmals durchschneiden (damit keine Knäuel entstehen).
2 Die Weintrauben entstielen, waschen und halbieren, eventuell noch entkernen. Den Apfel waschen, abtrocknen und vierteln, das Kerngehäuse entfernen und die Viertel auf einer Küchenreibe fein reiben. Die Zwiebel schälen, halbieren und in feinste Streifen schneiden.
3 Alle vorbereiteten Zutaten mit dem Maiskeimöl vermischen. Mit Salz, Pfeffer und nach Belieben mit Kümmel würzen. Den Sauerkrautsalat auf zwei Teller verteilen, rundherum mit Apfelspalten garnieren und mit Petersilie bestreuen.

Zubereitungszeit: 20 Minuten

Profitipp Es gibt vielerorts spezielle Öl- und Essiggeschäfte. Lassen Sie sich dort beraten und kaufen Sie nach Lust und Neugier Öle, die sie noch nicht kennen. Eine sehr intensive Würznote bekommt Ihr Salat beispielsweise, wenn Sie ihn mit Mohnöl anmachen. Mohnöl wird aus Mohnsaat kalt oder warm gepresst.

Wissenswertes Warum ist Öl flüssig und anderes Fett (meist) erstarrt? Speiseöl bleibt bei normaler Temperatur flüssig, weil durch die pflanzliche Herkunft die essentiellen einfach oder mehrfach ungesättigten Fettsäuren meist überwiegen. Bei tierischen Fetten überwiegen dagegen die gesättigten Fettsäuren, sie machen das Fett fest.

Gemüsesalat mit Kichererbsenkeimlingen
Schön fruchtig mit Ananas

Für 2 Portionen

4 Blätter Chinakohl · 1 kleiner Zucchino · 1 große Möhre
½ Babyananas · 150 g Kichererbsenkeimlinge
1 milde, kleine Peperoni · etwa 2 cm Ingwerwurzel
1 TL Honig · 1 Msp. Currypulver · 1 EL Apfelessig · 3 EL Sesamöl
Kräutersalz · grob geschroteter schwarzer Pfeffer

1 Die Chinakohlblätter waschen und quer in Streifen schneiden. Zucchino waschen, Stiel- und Blütenansatz entfernen, Zucchino längs vierteln und quer in Scheibchen schneiden. Die Möhre schälen und auf einer Küchenreibe grob raffeln.

2 Babyananas schälen, den Strunk entfernen und das Fruchtfleisch in kleine Ecken schneiden. Die Kichererbsenkeimlinge waschen und gut abtropfen lassen. Die Peperoni waschen, entkernen und klein würfeln.

3 Den Ingwer schälen und in streichholzgroße Stifte schneiden. Alle vorbereiteten Zutaten in einer Schüssel vermengen. Aus Honig, Curry, Apfelessig, Sesamöl und 2 EL Wasser eine Marinade rühren. Mit Kräutersalz und Pfeffer würzen und mit dem Salat vermengen. Auf zwei Teller verteilen.

Zubereitungszeit: 20 Minuten

Variante Mischen Sie zur Abwechslung mal Pinienkerne, Mandelblättchen, Radieschensprossen, Walnusskerne, getrocknete Tomaten, halbierte Cocktailtomaten oder Kresse in den Salat.

Wissenswertes Erstaunlich, wie aus steinharten Kichererbsensamen binnen weniger Tage weiche, gut schmeckende, bis zu 3 mm große Keimlinge entstehen. Die Faustregel besagt 1:2, das heißt, aus 100 g Kichererbsen ernten Sie 200 g Keimlinge. Und so funktioniert es: Die Kichererbsensamen abspülen und etwa 12 Stunden einweichen. Dann tropfnass in ein Glas geben und dieses mit luftdurchlässigem Stoff bedecken. Bei Zimmertemperatur stehen lassen und täglich zwei- bis dreimal mit lauwarmem Wasser durchspülen. Sobald die Kichererbsensamen gekeimt haben, gut durchspülen und sofort verbrauchen.

Rotkohl mit Kirschmarinade
Verführung in Rot

Für 2 Portionen

1 kleiner Rotkohl (etwa 500 g)
2 kleine rote Zwiebeln
Kräutersalz
150 g Süßkirschen
5 EL Olivenöl
1 EL Aceto balsamico
schwarzer Pfeffer
50 g Pistazien

1 Den Rotkohl putzen, vierteln, vom Strunk befreien und sehr fein hobeln. Die Zwiebeln schälen und ebenfalls hobeln. Beides zusammen in einer Schüssel mit Kräutersalz durchwirken.

2 Die Kirschen waschen und entsteinen. Die Hälfte der Kirschen in einer Schüssel mit Olivenöl und Aceto balsamico pürieren. Mit etwas Kräutersalz und Pfeffer würzen.

3 Rotkohl und Marinade kräftig durchmischen, abschmecken und bei Zimmertemperatur etwa 1 Stunde ziehen lassen.

4 Den Rotkohl auf zwei Teller verteilen, mit den übrigen Kirschen und den Pistazien bestreuen.

Zubereitungszeit: 30 Minuten + Marinierzeit: 1 Stunde

Variante Rotkohl als Rohkost ist etwas Wunderbares: knackige Frische mit Olivenöl und Aceto balsamico aromatisiert. Anstatt Pistazien können Sie auch Mandelblättchen, gehackte Cashews oder Walnüsse verwenden. Grob geschroteter schwarzer Pfeffer, Chilipulver, Cayennepfeffer, Zimt oder Ingwer passen ebenfalls gut als Würzung.

Wissenswertes Das Anti-Stress-Management wirkt im Körper durch gezielte gesunde Ernährung. Hören Sie auf Ihren Körper, benutzen Sie die somatische Intelligenz, die nach frischer Gesundheitskost verlangt. Und – Folsäure schützt vor schlechter Laune und stärkt die Nerven. Sie ist vor allem in Rohkost (!) vorhanden, denn Folsäure wird durch Hitzeeinwirkung zerstört. Reichlich Folsäure findet sich in Tomaten, Fenchel, Spinat, Chinakohl und Feldsalat.

Spargelsalat mit Orangendressing

KNACKIG-SAFTIGES SALAT-VERGNÜGEN

FÜR 2 PORTIONEN
500 g weißer Spargel · ½ Bund Schnittlauch
2 Orangen
½ TL Dijon-Senf · 3 EL Traubenkernöl
1 TL Weißweinessig
Salz · grob geschroteter schwarzer Pfeffer

FÜR DIE GARNITUR:
50 g gehackte Walnusskerne

1 Die Spargelstangen schälen, von den Stielenden etwa 1 cm abschneiden, die Stangen schräg in dünne Scheiben schneiden.
2 Den Schnittlauch waschen, trockenschütteln und in Röllchen schneiden. Eine Orange schälen, dabei die weiße Haut entfernen und die Filets auslösen. Die zweite Orange auspressen und den Saft durch ein Haarsieb passieren.
3 Aus Dijon-Senf, Traubenkernöl, Weißweinessig und Orangensaft ein Dressing herstellen. Zusammen mit den vorbereiteten Zutaten in einer Schüssel locker vermengen.
4 Den Spargelsalat mit Salz und Pfeffer würzen und auf zwei Teller verteilen. Mit Walnüssen bestreuen.

ZUBEREITUNGSZEIT: 30 MINUTEN

VARIANTE Zur Abwechslung den Salat einmal auf einem fruchtigen Bett aus hauchdünn geschnittenen Mango- oder Papayascheiben anrichten.
Wer nicht nur reine Rohkost mag, kann den Salat auch mit einem Dressing aus Joghurt, Dill und Zitronensaft variieren.

WISSENSWERTES Traubenkernöl wird aus Weintraubenkernen gewonnen. Es schmeckt sehr würzig und intensiv. Als Alternative bieten sich Senfsaatöl, Sesamöl, Mandelöl oder auch Hanföl an. Letzteres sollten Sie unbedingt probieren, es wird aus Hanfsamen gewonnen. Der Geschmack ist intensiv und etwas ungewohnt, aber sehr lecker.

Mango-Chili-Salat

THAILAND LÄSST GRÜSSEN

FÜR 2 PORTIONEN
2 grüne Thai-Mangos (etwa die Sorte Keaw Sawoy)
1 große rote Chilischote
2 Kaffirlimettenblätter · 2 Schalotten · 1 Limette

FÜR DIE MARINADE:
2 kleine Thai-Chilis · 1 TL Honig · Salz

FÜR DIE GARNITUR:
2 Kohlblätter · 50 g gehackte Cashewkerne

1 Mangos schälen und auf einem Küchenhobel in feinste Streifen hobeln. Die Chilischote waschen, entkernen und in lange, dünne Streifen schneiden.
2 Die Limettenblätter waschen, trocknen und in sehr feine Streifen schneiden. Die Schalotten schälen und in feinste Streifen schneiden. Limette heiß waschen, abtrocknen und die Schale in sehr feine Streifen schneiden, den Saft auspressen.
3 Die Thai-Chilis waschen, entkernen und fein hacken. Zusammen mit dem Limettensaft, dem Honig und etwas Salz zu einer Marinade rühren.
4 Für die Garnitur die Kohlblätter waschen, trockenschwenken und je eines auf einen Teller legen. Salatzutaten mit der Marinade vermengen und auf den Kohlblättern verteilen. Mit den Cashewkernen bestreuen.

ZUBEREITUNGSZEIT: 30 MINUTEN

VARIANTE Rohkost-Grenzgänger können die Marinade mit Fischsauce und braunem Zucker anstatt mit Honig süßen. Zusätzlich kann der Salat mit blanchierten Bohnen und Krabben oder gebratenem Hähnchenfleisch variiert werden.

WISSENSWERTES Chilischoten sind nicht nur schmackhaft, sondern auch äußerst gesund. Sie besitzen einen hohen Gehalt an den Vitaminen A, B und C und verfügen über eine Anzahl weiterer gesunder Eigenschaften. Die scharfen Schoten wirken wie sanfte Medizin, denn sie sind appetitanregend und -fördernd, desinfizierend und schmerzlindernd!

Bunter Pomelosalat
DIE MISCHUNG MACHT'S

FÜR 2 PORTIONEN
1 Pomelo · 1 Chicorée · 1 rote Zwiebel
1 rote Paprikaschote · 1 Romana-Salatherz
200 g Kirschtomaten · 1 EL Mandelmus (Reformhaus)
4 EL Olivenöl · 1 TL Apfelessig
Salz · schwarzer Pfeffer

NACH BELIEBEN:
1 kleiner Apfel

1 Die Pomelo halbieren, das Fruchtfleisch auslösen und in kleine Würfel schneiden. Chicorée waschen, den Strunk herausschneiden und die Blätter quer in Streifen schneiden.
2 Die Zwiebel schälen, halbieren und in Streifen schneiden. Die Paprikaschote waschen, halbieren, entkernen und in Streifen schneiden.
3 Das Salatherz in Blätter zerpflücken, waschen und trockenschwenken. Die Blätter sternförmig auf zwei Teller verteilen.
4 Die Tomaten halbieren und den Stielansatz entfernen. Das Mandelmus mit Olivenöl, Apfelessig und 2 EL Wasser sämig verquirlen. Mit Salz und Pfeffer würzen. Das Dressing mit den vorbereiteten Salatzutaten vermengen und auf den Salatblättern verteilen. Nach Belieben einen Apfel waschen, abtrocknen, halbieren, entkernen und grob über den Salat raspeln.

ZUBEREITUNGSZEIT: 30 MINUTEN

VARIANTE Die Kirschtomaten durch 100 g klein geschnittene getrocknete, in Olivenöl eingelegte Tomaten ersetzen. Wenn Sie Milchprodukte mögen: Zu diesem Salat passt auch ein Joghurtdressing. Dazu 150 g Vollmilchjoghurt mit 1 Teelöffel gehacktem Dill oder Petersilie und etwas Zitronensaft verrühren.

WISSENSWERTES Eine Pomelo bringt bis zu 2 kg auf die Waage! Dieser Jumbo ist eine in Israel gezüchtete Kreuzung aus Pampelmuse und Grapefruit. Unter der recht dicken Schale verbirgt sich ein angenehm säuerliches Fruchtfleisch. Es ist in feste Schalenkammern eingeschlossen, kann aber problemlos daraus entfernt werden.

Süßer Babaco-Salat
FRUCHTIGE VITAMINBOMBE

FÜR 2 PORTIONEN
½ Kopf Eisbergsalat
1 Babaco (etwa 400 g)
1 Orange · 200 g Erdbeeren
1 TL Reformsenf
1 TL Honig
1 Msp. gemahlene Muskatblüte (Macis)
4 EL Maiskeimöl · 2 Spritzer Tamari-Sojasauce
Vollmeersalz · schwarzer Pfeffer

NACH BELIEBEN:
1 EL Pinienkerne

1 Den Eisbergsalat in Streifen schneiden, waschen und in einem Sieb gut abtropfen lassen. Die Babaco waschen und in kleine Stifte oder Würfelchen schneiden.
2 Die Orange schälen, dabei die weiße Haut mit entfernen und die Filets auslösen. Die Erdbeeren entstielen, waschen, trockentupfen und je nach Größe halbieren oder vierteln.
3 Aus Reformsenf, Honig, Muskatblüte, Maiskeimöl, Tamari-Sojasauce und 2 bis 3 EL Wasser eine Marinade rühren. Mit Vollmeersalz und Pfeffer würzen.
4 Alle Salatzutaten mit der Marinade locker vermengen und auf zwei Teller verteilen. Nach Belieben mit Pinienkernen bestreuen.

ZUBEREITUNGSZEIT: 30 MINUTEN

PROFITIPP Reformsenf und Tamari-Sojasauce bekommen Sie im Naturkostladen, im Bioladen oder im Reformhaus. Für alle Rohkostfans sind in diesen Geschäften reichlich Grundprodukte, die zum Aromatisieren und Würzen wichtig sind, im Angebot.

WISSENSWERTES Babacos, die länglichen, vorn spitz zulaufenden, grünen bis grün-gelben Früchte, die mit der Papaya verwandt sind, gibt es bei uns vorwiegend im Sommer. Die extrem Vitamin-C-haltigen Babacos werden aus Neuseeland und Ecuador importiert. Die saftigen Früchte brauchen nicht geschält zu werden. Ihr Geschmack erinnert an eine Mischung aus Papaya, Ananas und Erdbeeren.

Spinatsalat mit Avocado
WÜRZIG-AROMATISCH

FÜR 2 PORTIONEN
150 g junger Spinat
1 Schalotte · 1 Knoblauchzehe
1 Avocado · Saft von ½ Zitrone
1 TL Kräutersenf
1 TL Honig
4 EL Olivenöl
Vollmeersalz
½ TL getrockneter Thymian
½ TL Kreuzkümmel

1 Den Spinat verlesen, waschen und trockenschwenken. Je nach Größe der Blätter zerzupfen oder in Streifen schneiden. Die Schalotte und die Knoblauchzehe schälen und fein hacken.
2 Die Avocado halbieren, den Kern entfernen, das Fruchtfleisch auslösen und in kleine Stücke schneiden. Sofort mit etwas Zitronensaft beträufeln.
3 Aus dem restlichen Zitronensaft, Kräutersenf, Honig und Olivenöl eine Marinade rühren. Mit Vollmeersalz, Thymian und Kreuzkümmel würzen. Alle Salatzutaten locker vermengen und auf zwei Teller verteilen.

ZUBEREITUNGSZEIT: 20 MINUTEN

VARIANTE Den Salat zusätzlich mit Sprossen, Körnern oder Nüssen bestreuen. Wer nicht nur reine Rohkost mag, kann auch eine Salatsauce aus 150 g Vollmilchjoghurt mit 1 Esslöffel Johannisbeermarmelade, 1 Spritzer Zitronensaft und 1 TL Honig rühren.

WISSENSWERTES Noch mehr Vitamine und Spurenelemente kommen in den Salat durch weitere Früchte und Gemüsezugaben: Beispielsweise Vitamin A durch Brokkoli und Cocktailtomaten; Vitamin B durch Physalis und Zuckermelonen; Vitamin C durch Granatapfelkerne und Champignons; Vitamin D durch Kiwis und Austernpilze; Vitamin E durch Fenchel und Staudensellerie. Eisen durch Gemüsezwiebeln und Fenchel; Jod und Magnesium durch Mangold; Kalium durch Wassermelonen; Calcium durch Feigen und Mangos. Wählen Sie aus!

Wurzelsalat mit Rosinen und Feigen
KRAFTVOLL GEWÜRZT

FÜR 2 PORTIONEN
50 g getrocknete Feigen · 50 g Rosinen · Saft von 1 Orange
1 Petersilienwurzel · 250 g Pastinaken
Saft von ½ Zitrone · 1 EL Honig
½ TL Chiliöl · 5 EL Olivenöl
Vollmeersalz · grob geschroteter schwarzer Pfeffer
100 g Feldsalat

FÜR DIE GARNITUR:
Kerne von ½ Granatapfel

1 Die Feigen sehr fein würfeln und mit den Rosinen sowie dem Orangensaft vermengen. Die Petersilienwurzel und Pastinaken schälen, beides auf einer Küchenreibe fein raspeln.
2 Aus Zitronensaft, Honig, Chili- und Olivenöl eine Marinade rühren. Mit Vollmeersalz und Pfeffer würzen. Die vorbereiteten Salatzutaten mit der Marinade vermengen.
3 Feldsalat verlesen, waschen, trockenschwenken und flächig auf zwei Tellern verteilen. Den Wurzelsalat auf dem Feldsalat anrichten. Mit Granatapfelkernen bestreuen.

ZUBEREITUNGSZEIT: 30 MINUTEN

VARIANTE Wenn Sie auch Milchprodukte mögen, können Sie dem Salat eine ganz andere Würzrichtung geben: 150 g Vollmilchjoghurt mit etwas Zitronensaft, je 1 Messerspitze gemahlener Kurkuma, Muskatblüte (Macis) und gemahlenem Kreuzkümmel sowie einem Hauch gemahlener Nelke und Zimt anrühren. Das schmeckt nach orientalischer Küche!

WISSENSWERTES Die süßsäuerlichen Granatapfelkerne sind für alle Desserts und pikante Salate das i-Tüpfelchen. Dazu einfach die Früchte halbieren, mit der Schnittfläche auf einen Teller legen und mit einem Löffel auf die Schale klopfen, damit die Kerne herausfallen. Sie können sie aber auch mit einem Löffel herauslösen. Aber Vorsicht: Der intensive Farbstoff verursacht Flecken, die sich kaum oder gar nicht aus Textilien entfernen lassen!

Bunter Asia-Salat
Mit Sesam verfeinert

Für 2 Portionen
2 Schalotten · 2 Knoblauchzehen
2 Tomaten · 1 Stange Staudensellerie
4 Stängel Koriandergrün · 150 g Sojasprossen
½ Salatgurke · ½ kleine rote Chilischote
2 EL Erdnussöl · 1 TL Honig · Saft von ½ Limette
Salz · grob geschroteter schwarzer Pfeffer

Für die Garnitur:
2 große Blätter Lollo Rosso · 50 g Sesamsamen

1 Schalotten und Knoblauch schälen und beides in dünne Streifen schneiden. Die Tomaten waschen, halbieren, entkernen und in dünne Streifen schneiden.
2 Den Staudensellerie putzen, von eventuell vorhandenen Fäden befreien und quer in Scheibchen schneiden. Das Koriandergrün waschen, trockenschütteln, die Blättchen von den Stängeln zupfen und fein hacken. Die Sojasprossen waschen und abtropfen lassen.
3 Die Salatgurke schälen, längs halbieren, entkernen und quer in Scheibchen schneiden. Die Chilischote waschen, entkernen und fein hacken.
4 Chiliwürfel mit Erdnussöl, Honig und Limettensaft verrühren. Alle Salatzutaten vermischen und mit Salz und Pfeffer würzen. Die beiden Salatblätter waschen und trockenschwenken. Salat auf den beiden Blättern verteilen und mit Sesam bestreuen.

Zubereitungszeit: 30 Minuten

Variante Zucchini, Thai-Auberginen, Baumtomaten, Bambussprossen – alle frischen Zutaten aus dem Asialaden können in diesem Salat kombiniert werden.

Wissenswertes Betörende Düfte, scharfer Gaumenkitzel, exotische Früchte, all das wird in der thailändischen Küche miteinander kombiniert. Besuchen Sie auch andere asiatische Geschäfte: ob chinesisch, vietnamesisch oder japanisch – Sie werden immer fündig auf der Suche nach neuen frischen Produkten, die Sie für Rohkostgerichte optimal variieren können.

Rote Bete mit Hokkaido
Herbstlicher Gaumenkitzel

Für 2 Portionen
500 g Rote Bete
250 g Hokkaido-Kürbis, Fruchtfleisch ohne Schale und Kerne
1 kleiner säuerlicher Apfel (z.B. Boskoop)
½ Bund Schnittlauch
1 EL Apfeldicksaft
1 Prise gemahlener Kümmel
1 Prise gemahlene Fenchelsamen
Saft von ½ Zitrone · 3 EL Kürbiskernöl
Kräutersalz · grob geschroteter schwarzer Pfeffer

Für die Garnitur:
2 EL Kokosnussraspel

1 Rote Bete unter fließendem kaltem Wasser vorsichtig bürsten, anschließend schälen und auf einer Küchenreibe fein raspeln. Das Kürbisfruchtfleisch ebenfalls raspeln.
2 Den Apfel waschen, abtrocknen, vierteln, das Kerngehäuse entfernen und die Viertel auf der Küchenreibe raspeln. Schnittlauch waschen, trockenschütteln und in Röllchen schneiden. Alle vorbereiteten Zutaten in einer Schüssel locker vermengen.
3 Apfeldicksaft mit Kümmel, Fenchelsamen, Zitronensaft und Kürbiskernöl verrühren. Die Marinade über den Salat gießen und alles mit Kräutersalz sowie mit Pfeffer würzen. Den Salat etwa 15 Minuten durchziehen lassen, dann auf Teller verteilen und mit Kokosnussraspel garnieren.

Zubereitungszeit: 30 Minuten + Marinierzeit: 15 Minuten

Variante Dieser Salat schmeckt Rohkost-Grenzgängern auch gut mit einem Dressing aus saurer Sahne oder Vollmilchjoghurt. An Gewürzen eignen sich auch Cayennepfeffer, Zimt, Chilipulver, gemahlener Koriander, ganze Fenchel- oder Kümmelsamen. Frische Kräuter wie Basilikum, Oregano oder Dill passen ebenfalls.

Wissenswertes Rote Bete sind reich an Eisen, was blutbildend wirkt. Die roten Knollen bestehen zu über 80 % aus Wasser, sind reich an Ballaststoffen, Kalzium, Phosphor, Magnesium, Kalium und an den Vitaminen A und C.

Rucola und Zuckerhut mit Tomaten und Birne

ITALIENISCH-BRASILIANISCHE LIAISON

FÜR 2 PORTIONEN
1 Bund Rucola
1 mittelgroßer Zuckerhut-Salat (siehe Wissenswertes)
2 Tomaten · 1 Birne
1 Kästchen Kresse
½ TL Reformsenf · 1 EL heller Essig
6 EL Olivenöl
Salz · schwarzer Pfeffer
50 g Pinienkerne

1 Rucola verlesen, waschen, trockenschütteln und quer halbieren oder dritteln. Den Zuckerhut waschen und quer in dünne Streifen schneiden.
2 Die Tomaten waschen, halbieren, entkernen und in Streifen schneiden. Birne waschen, abtrocknen, halbieren, vom Kerngehäuse befreien und in dünne Spalten schneiden.
3 Die beiden Salatsorten flächig auf zwei Tellern verteilen. Abwechselnd mit Tomatenstreifen und Birnenspalten rundherum belegen. Die Kresse aus dem Kästchen schneiden, waschen, trockenschwenken und über den Salat streuen.
4 Aus Reformsenf, Essig und Olivenöl eine Marinade rühren. Mit Salz und Pfeffer würzen und die Marinade löffelweise über den Salat geben. Mit Pinienkernen bestreuen.

ZUBEREITUNGSZEIT: 20 MINUTEN

VARIANTE Dressings bieten sich zu diesem „Grünzeug" genügend an. Besonders bei etwas würzigeren oder herb schmeckenden Salaten wird die Salatsauce gerne mit Zucker oder Honig abgeschmeckt. Aber auch einfach nur Olivenöl und Aceto balsamico passen hervorragend.

WISSENSWERTES Radicchio und Chicorée sind die herb-bitteren Verwandten des Zuckerhuts. Im Aussehen ähnelt das schlank gewachsene Gemüse einem Spitzkohl, im Geschmack jedoch verrät er sich sofort. Zuckerhut ist im Herbst erhältlich, vor allem auf Wochen- und Bauernmärkten oder in Bioläden.

Wirsing mit Tomaten

AROMATISIERT MIT BORRETSCH UND DILL

FÜR 2 PORTIONEN
1 Zwiebel · 1 Knoblauchzehe
½ Bund Borretsch · einige Stängel Dill
4 EL Olivenöl · 2 EL Obstessig
1 TL Kräutersenf
Vollmeersalz · schwarzer Pfeffer
500 g helle Wirsingblätter
2 Fleischtomaten

FÜR DIE GARNITUR:
50 g gehackte Cashewkerne

1 Die Zwiebel und die Knoblauchzehe schälen und fein würfeln. Borretsch und Dill waschen, trockenschwenken, die Blättchen von den Stängeln zupfen und fein hacken.
2 Das Olivenöl mit Obstessig, Kräutersenf, Salz, Pfeffer und 2 EL lauwarmem Wasser verrühren. Die Zwiebel- und Knoblauchwürfel sowie die Kräuter unterrühren.
3 Den Wirsing waschen und in feinste Streifen schneiden. Die Tomaten waschen und klein würfeln. Die vorbereiteten Salatzutaten mit der Marinade gut vermengen und auf zwei Teller verteilen. Mit Cashewkernen bestreuen.

ZUBEREITUNGSZEIT: 30 MINUTEN

PROFITIPP Besonders bei Rohkost ist es wichtig, dass Sie vom Wirsing nicht die äußeren, dunkelgrünen Blätter verwenden. Beim Kochen werden diese Blätter milder und der herzhafte, aber auch leicht bittere Geschmack weicht. Die inneren, hellgrünen Blätter sind milder, aromatischer und für Rohkostgerichte vorzuziehen.

WISSENSWERTES Borretsch, auch Gurkenkraut genannt, ist ein blaublühendes Gartenkraut, welches sich jedoch problemlos auf der Fensterbank ziehen lässt. Die jungen Blättchen erinnern im Geschmack an Gurken und sind die ideale Würze für frische Salate, Rohkostgerichte und Kräutersaucen.

Lollo Bionda mit Himbeersauce

EIN SOMMERVERGNÜGEN!

FÜR 2 PORTIONEN
1 Kopf Lollo Bionda
2 Nektarinen
250 g Himbeeren
1 TL Honig
2 EL Olivenöl
1 TL Aceto balsamico
grob geschroteter schwarzer Pfeffer

1 Den Salat verlesen, in mundgerechte Stücke zupfen, waschen und abtropfen lassen. Die Nektarinen waschen, halbieren und entsteinen. Das Fruchtfleisch in kleine Stücke schneiden.
2 Die Himbeeren waschen, sorgfältig trockentupfen und die Hälfte mit Honig, Olivenöl und Aceto balsamico pürieren.
3 Die vorbereiteten Salatzutaten dekorativ auf zwei Tellern anrichten. Mit dem Himbeerdressing löffelweise überziehen und mit Pfeffer würzen.

ZUBEREITUNGSZEIT: 20 MINUTEN

VARIANTE Es gibt viele Kombinationen von Gemüse und Früchten, die trotz ihres gegensätzlichen Geschmacks hervorragend harmonieren. Sie können anstatt Lollo Bionda auch Lollo Rossa, Eisbergsalat, Kopfsalat oder Feldsalat verwenden. Für mehr fruchtige Vielfalt die Tellerränder üppig mit frischen Brombeeren, Johannisbeeren, Pfirsich- oder Aprikosenspalten oder auch halbierten Erdbeeren belegen.

WISSENSWERTES Lollo Bionda und Lollo Rossa gehören zur Familie der Korbblütler, von denen der wichtigste Salatvertreter der Eichblattsalat ist. Diese Sorten finden Sie seltener in Supermärkten sondern überwiegend beim Gemüsehandler oder auf dem Markt frisch vom Feld, weil die zarten Blätter recht schnell welken. Der Geschmack dieser Salate ist leicht herb und nussig, viel intensiver als zum Beispiel der von Kopfsalat.

Frühlingsteller

FARBENFROH WIE DIE JAHRESZEIT

FÜR 2 PORTIONEN
1 kleine Kohlrabiknolle
2 Frühlingszwiebeln · 8 Frühlingsmöhrchen
1 Bund Kerbel
250 g grüner Spargel
1 EL Apfeldicksaft · 1 EL Zitronen- oder Limettensaft
5 EL Walnussöl · Vollmeersalz · schwarzer Pfeffer

FÜR DIE GARNITUR:
200 g kleine, süße Erdbeeren

1 Die Kohlrabiknolle schälen und in feine Stifte schneiden. Die Frühlingszwiebeln putzen und in feine Streifen schneiden. Frühlingsmöhrchen putzen, dabei jeweils einen Teil des Grüns stehen lassen. Den Kerbel waschen, trockenschwenken und die Blättchen abzupfen.
2 Den Spargel waschen, nach Belieben das untere Drittel schälen und die Enden etwa 1 cm kürzen. Die Spargelstangen schräg in dünne Scheiben schneiden.
3 Aus Apfeldicksaft, Zitronen- oder Limettensaft sowie Walnussöl eine Marinade rühren. Mit Vollmeersalz und Pfeffer würzen.
4 Alle Salatzutaten locker vermengen und auf zwei Teller verteilen. Die Erdbeeren waschen, trockentupfen und je nach Größe halbieren oder in Scheiben schneiden. Rundherum die Tellerränder mit ihnen garnieren.

ZUBEREITUNGSZEIT: 30 MINUTEN

PROFITIPP Ein Frühlingsteller lebt von frisch geernteten, möglichst regionalen Produkten. Lassen Sie sich auf dem Bauern- oder Wochenmarkt von frischem Gemüse verführen!

WISSENSWERTES In Supermärkten ist Spargel meist zu 500 g abgepackt und in Papiermanschetten eingehüllt. Schauen Sie ruhig unter das Papier: Die Enden dürfen keinesfalls trocken oder hölzern aussehen. Frischer Spargel ist im Anschnitt feucht und die Stangen müssen beim Aneinanderreiben vor Frische quietschen. Lieber regional angebauten Spargel frisch vom Feld, vom Stand an der Straße oder beim Gemüsehändler kaufen!

DA HABEN SIE DEN SALAT!

Linsenkeimlinge mit exotischen Früchten

Saftig mit Mandel-Tomaten-Sauce

Für 2 Portionen
100 g Linsenkeimlinge (siehe Wissenswertes)
½ Kopf Lollo Bionda
1 Karambole · 1 saftige Mango
1 Fleischtomate · 1 TL Mandelmus (Reformhaus)
½ TL Honig
5 EL Walnussöl
Vollmeersalz · schwarzer Pfeffer

1 Die Linsenkeimlinge gründlich abspülen und gut abtropfen lassen. Den Blattsalat putzen, waschen, abtropfen lassen und in mundgerechte Stücke zupfen.

2 Die Karambole waschen und in dünne Scheiben schneiden. Die Mango schälen, das Fruchtfleisch vom Stein abschneiden und klein würfeln.

3 Die Fleischtomate waschen, grob zerschneiden und mit dem Mandelmus, dem Honig sowie dem Walnussöl im Mixer pürieren. Mit Vollmeersalz und Pfeffer würzen.

4 Linsenkeimlinge, Lollo Bionda und Mangostückchen mit der Sauce locker vermengen. Auf zwei Teller verteilen und den Salat mit Karambolescheiben garnieren.

Zubereitungszeit: 20 Minuten

Profitipp Linsenkeimlinge sind ein ganz besonderer Genuss. Als passende Gewürze und Aromen bieten sich zudem Majoran, Petersilie, Thymian, Knoblauch, Chili, Lorbeer, Zimt und Essig an.

Wissenswertes Um Linsenkeimlinge selbst zu ziehen, gehen Sie folgendermaßen vor: 100 g Linsen gut durchwaschen und mit Wasser bedeckt über Nacht quellen lassen. Am nächsten Tag die Linsen in ein Sieb gießen, gut durchspülen und abtropfen lassen. Abgedeckt mit einem Teller im Sieb bei Zimmertemperatur (etwa 20 Grad) einen Tag stehen lassen. Anschließend die Linsen in eine Schüssel geben und zweimal täglich mit lauwarmem Wasser durchspülen. Nach drei bis vier Tagen haben sich dann kleine Keimlinge gebildet.

Romana-Salat mit Papaya und Bambussprossen

Kulinarischer Ausflug nach Asien

Für 2 Portionen
100 g ungesüßte Kokosnussraspel
2 Frühlingszwiebeln · 1 Knoblauchzehe
4 Stängel Koriandergrün
1 kleine grüne Papaya · 2 Romana-Salatherzen
150 g frische Bambussprossen · 1 kleine rote Chilischote
1 TL Honig · Saft von ½ Limette
Salz · grob geschroteter schwarzer Pfeffer

1 Die Hälfte der Kokosnussraspel (50 g) mit ½ l gut handwarmem Wasser (etwa 40 °C) übergießen und im Küchenmixer kräftig pürieren. Die so entstandene Kokosnussmilch durch ein mit einem Tuch ausgelegtes Sieb gießen und abtropfen lassen. Den Rest im Tuch kräftig auspressen.

2 Die Frühlingszwiebeln putzen und in Streifen schneiden. Die Knoblauchzehe schälen und klein würfeln. Koriandergrün waschen, trockenschwenken, Blättchen abzupfen und fein hacken.

3 Die Papaya schälen und mit einem Sparschäler feinste Streifen vom Fruchtfleisch abziehen. Die Salatherzen waschen, abtropfen lassen und quer in Streifen schneiden. Bambussprossen in sehr dünne Streifen schneiden.

4 Die Chilischote waschen, entkernen und fein hacken. Zusammen mit der Kokosnussmilch, dem Honig und dem Limettensaft verrühren. Alle Zutaten in einer Schüssel locker vermengen, mit Salz und Pfeffer würzen. Den Salat auf Teller verteilen und mit den restlichen Kokosnussraspel bestreuen.

Zubereitungszeit: 40 Minuten

Variante Anstatt des Kokos-Dressings eine Marinade aus Mango herstellen. Dazu 200 g Mangofruchtfleisch mit 100 ml Wasser, 1 TL Honig und 1 TL Mandelmus im Küchenmixer pürieren.

Wissenswertes Beim Schütteln einer Kokosnuss hört man den Klang des farblosen Kokoswassers. Kokosnussmilch wird aus frischen Kokosraspel unter Zusatz von Wasser angesetzt und ausgepresst. Sie gilt als die „Sahne" Asiens.

Sellerie-Sauerkraut-Salat
Aromatische Kombination

Für 2 Portionen
1 kleine Sellerieknolle · 2 Schalotten · 1 Knoblauchzehe
½ Bund glatte Petersilie
1 Birne · 1 Apfel · 1 unbehandelte Zitrone
2 EL Birnendicksaft · 4 EL Sonnenblumenöl
Vollmeersalz · schwarzer Pfeffer
250 g klein geschnittenes, naturbelassenes Sauerkraut

Für die Garnitur:
50 g Haselnussblättchen · edelsüßes Paprikapulver

1 Den Sellerie schälen und auf einer Küchenreibe grob raffeln. Die Schalotten sowie die Knoblauchzehe schälen und fein würfeln. Die Petersilie waschen, trockenschütteln, die Blättchen von den Stielen zupfen und grob hacken.
2 Birne und Apfel waschen, abtrocknen, vierteln, jeweils das Kerngehäuse entfernen und die Viertel auf dem Küchenhobel feinblättrig schneiden. Die Zitrone heiß waschen, mit Küchenpapier trocknen und die Schale abreiben, den Saft auspressen.
3 Den Zitronensaft mit Birnendicksaft und Sonnenblumenöl verquirlen. Das Dressing mit Vollmeersalz und Pfeffer würzen. Alle Salatzutaten locker mit dem Dressing vermengen. Den Salat auf zwei Teller verteilen und mit Haselnussblättchen sowie edelsüßem Paprikapulver bestreuen.

Zubereitungszeit: 30 Minuten

Variante Wenn Sie Milchprodukte mögen, können Sie diesen Salat auch mit einem Dressing aus Vollmilchjoghurt, Currypulver, Kreuzkümmel und fein gehackten Datteln zubereiten. Zusätzlich Kresse, Walnüsse oder gemischte Nüsse, Mandarinenspalten oder Orangenfilets unter den Salat mengen.

Wissenswertes Man unterscheidet zwischen Meer- und Salinensalz. Beide Sorten sind zu empfehlen, am besten ist mit Jod angereichertes Salz. Es gibt auch gewürzte Salzmischungen, so beispielsweise Kräuter- oder Gemüsesalz. Lesen Sie jedoch die Inhaltslisten genau durch, um nicht unerwünscht zugesetzte Geschmacksverstärker mit im Salz zu haben!

Sprossensalat mit Wasserkastanien
Asiatisch fein

Für 2 Portionen
250 g Sojasprossen
100 g frische Bambusschösslinge
100 g Wasserkastanien (siehe Profitipp)
4 Stängel Koriandergrün
½ kleine rote Chilischote
1 Knoblauchzehe
50 g geschälte Erdnusskerne
1 TL Edelhefe (Reformhaus)
1 EL Erdnussmus
5 EL Erdnussöl
1 TL Reisessig
Vollmeersalz · schwarzer Pfeffer

1 Die Sojasprossen waschen und abtropfen lassen. Die Bambusschösslinge in dünne Streifen schneiden. Die Wasserkastanien anritzen, schälen und den süßen Kern in kleine Scheibchen schneiden.
2 Das Koriandergrün waschen, trockenschütteln, die Blättchen von den Stängeln zupfen und grob hacken. Die Chilischote waschen, entkernen und fein würfeln. Die Knoblauchzehe schälen und fein würfeln.
3 Die Erdnusskerne in ein Küchentuch wickeln und mit dem Fleischklopfer zerkleinern. Aus Edelhefe, Erdnussmus, Erdnussöl und Reisessig eine Marinade rühren, salzen und pfeffern.
4 Alle vorbereiteten Zutaten mit der Marinade vermischen und auf zwei Teller verteilen.

Zubereitungszeit: 20 Minuten

Profitipp Wasserkastanien bekommt man meist – ganz oder in Scheiben geschnitten – in Wasser eingelegt. Sie schmecken ganz anders als Kastanien und können roh, frisch aus der Schale gepellt, verzehrt werden.
Bambusschösslinge sind in der Kühltheke von asiatischen Geschäften zu finden. Am besten dort frisch kaufen und nicht die aus der Dose verwenden.

Koreanischer Rettichsalat
Mit Apfel und Frühlingszwiebeln

Für 2 Portionen

1 weißer Riesenrettich (siehe Wissenswertes)
1 säuerlicher großer Apfel
Saft von ¼ Zitrone
2 Frühlingszwiebeln
1 EL Sesamöl
1 EL Honig
1 EL Reisessig
Salz
1 Msp. Chilipulver
schwarzer Pfeffer
50 g Sesamsamen

1 Den Rettich schälen und in streichholzgroße Stifte schneiden. Den Apfel waschen, abtrocknen, vierteln, vom Kerngehäuse befreien und in gleich große Stifte schneiden. Beides zusammen mit Zitronensaft in einer Schüssel vermengen.
2 Frühlingszwiebeln putzen und in hauchdünne Ringe schneiden. Aus Sesamöl, Honig, Reisessig, Salz, Chilipulver und Pfeffer eine Marinade rühren.
3 Die Salatzutaten locker mit der Marinade vermengen und den Salat auf zwei Teller verteilen. Mit Sesamsamen bestreuen.

Zubereitungszeit: 25 Minuten

Variante Noch authentischer wird es, wenn Sie die Grundgewürze der koreanischen Küche mit einbeziehen: Etwa fein gehackter Ingwer, Sojasauce und geröstete Sesamsamen.

Wissenswertes In japanischen Lebensmittelläden bekommen Sie die weißen 30 bis 40 cm langen Riesenrettiche, Daikon genannt, garantiert frisch. Ihr milder Geschmack ist nicht mit demjenigen unserer eher scharfen Rettiche zu vergleichen.

Zarte Brennnesseln mit Begleitern
Herzhaftes Frühlings-Vergnügen

Für 2 Portionen

1 Hand voll zarte Brennnesselblätter
250 g weißer Rettich · Salz
1 mürber Apfel · Saft von ½ Zitrone
150 g Sauerkraut
1 TL Honig · 1 EL Apfelessig · 5 EL Maiskeimöl
schwarzer Pfeffer
je 1 Msp. edelsüßes und rosenscharfes Paprikapulver

Für die Garnitur:
50 g fein gehackte Cashewkerne

1 Die Brennnesselblätter waschen, trockenschwenken und etwas hacken. Den Rettich unter fließendem kaltem Wasser abbürsten und auf einer Küchenreibe fein hobeln. Mit etwas Salz bestreuen und kurz „weinen" lassen.
2 Den Apfel waschen, abtrocknen, vierteln und das Kerngehäuse entfernen. Das Fruchtfleisch klein würfeln und mit Zitronensaft beträufeln. Sauerkraut mit einem Messer klein hacken.
3 Honig, Apfelessig und Maiskeimöl verrühren. Mit Salz, Pfeffer und den beiden Sorten Paprikapulver würzen.
4 Alle Salatzutaten mit der Marinade locker vermengen und auf zwei Teller verteilen. Mit Cashewkernen bestreuen.

Zubereitungszeit: 30 Minuten

Variante Den Salat mit Knoblauch, Schnittlauch, Möhren, Estragonessig, Sonnenblumenkernen, in Olivenöl eingelegten getrockneten Tomaten und Oliven variieren. Nach Belieben: Ein Dressing aus 100 g saurer Sahne, 1 EL gehacktem Dill, 1 Prise gemahlenem Kümmel, ½ TL scharfem Senf und etwas Zitronensaft zubereiten.

Wissenswertes Zarte Brennnesselblätter sind geschmacklich eine Offenbarung! Sie erinnern an Spinat, sind jedoch eher etwas deftiger im Geschmack. Brennnessel wirkt blutreinigend, harntreibend, blutbildend und regt den Stoffwechsel an.

Da haben Sie den Salat!

Kohlsalat mit Pflaumen
Indisch angehaucht

Für 2 Portionen
4 Trockenpflaumen
50 g Rosinen
5 EL Multivitaminsaft
250 g Blumenkohl
250 g Brokkoli
4 EL Rapsöl
½ TL Currypulver
¼ TL Kreuzkümmelsamen
Salz · schwarzer Pfeffer

Für die Garnitur:
4 Stängel Koriandergrün

1 Die Trockenpflaumen klein würfeln und zusammen mit den Rosinen in eine größere Schüssel legen. Mit Multivitaminsaft beträufeln.
2 Blumenkohl und Brokkoli waschen, trockentupfen und in Röschen teilen. Die Stiele auf einem Küchenhobel fein hobeln.
3 Rapsöl mit Currypulver und Kreuzkümmelsamen verrühren. Die vorbereiteten Zutaten zu den Trockenfrüchten in die Schüssel geben und kräftig mit Salz und Pfeffer würzen.
4 Koriandergrün waschen, trockenschütteln, die Blättchen von den Stängeln zupfen und fein hacken. Das Koriandergrün über den Salat streuen.

Zubereitungszeit: 20 Minuten

Wissenswertes Kreuzkümmel, zugehörig zur Familie der Petersiliengewächse, ist sparsam zu dosieren, denn schnell übernimmt das leicht scharfe, bittere Aroma die Dominanz. Die entkrampfende Wirkung des Kreuzkümmels bei Blähungen, Magen- und Darmkrämpfen machte ihn zum Volksheilmittel. Besonders in der indischen, indonesischen und mexikanischen Küche wird Kreuzkümmel hoch geschätzt und häufig verwendet.

Grüner Teller
Fruchtiger Mix mit Fenchel und Sellerie

Für 2 Portionen
1 Kiwi · 1 TL Honig · 2 EL Olivenöl
Kräutersalz · grob geschroteter schwarzer Pfeffer
1 EL eingelegte grüne Pfefferkörner
2 Stangen Staudensellerie · 1 Fenchelknolle
200 g Weintrauben
1 grüner Apfel · 1 Avocado · Saft von ½ Zitrone

Für die Garnitur:
50 g Kürbiskerne

1 Die Kiwi schälen, grob zerschneiden und zusammen mit dem Honig, dem Olivenöl und 3 EL Wasser cremig pürieren. Mit Kräutersalz, schwarzem und grünem Pfeffer würzen.
2 Den Staudensellerie putzen, waschen, quer in kurze Stückchen schneiden. Den Fenchel putzen, vierteln, vom Strunk befreien und in Streifen schneiden. Die Weintrauben entstielen, waschen und je nach Größe halbieren.
3 Den Apfel waschen, halbieren, vom Kerngehäuse befreien und in dünne Spalten schneiden. Avocado halbieren, Kern entfernen, das Fruchtfleisch auslösen und jede Hälfte in dünne Spalten schneiden. Die vorbereiteten Zutaten dekorativ auf zwei Tellern anrichten, dabei Apfel und Avocado mit Zitronensaft beträufeln.
4 Den Salat mit der Kiwimarinade beträufeln und mit den Kürbiskernen bestreuen.

Zubereitungszeit: 30 Minuten

Wissenswertes Die Vitamin-Party auf Ihrem grünen Teller ist geglückt: Kiwi enthält viel Vitamin C, Magnesium, Kalium und Kaffeesäure. Vitamin C bekämpft freie Radikale und regt zusammen mit dem Magnesium den Stoffwechsel an. Kalium schleust überschüssiges Wasser aus dem Körper und die Kaffeesäure gilt als Antikrebsstoff.
Avocados haben einen hohen Gehalt an B-Vitaminen, Pantothensäure und Biotin. B-Vitamine und Biotin helfen, dass genug Keratin für Haare und Nägel hergestellt wird. Pantothensäure lässt Fettzellen schmelzen.

Da haben Sie den Salat!

Rohkosten rund um die Welt

Gefüllte Grapefruit mit Rote Bete und Birne

Das Auge isst mit …

Für 2 Portionen
2 kleine rosa Grapefruits
4 Stängel Petersilie · 1 Rote-Bete-Knolle
1 saftige, kleine Birne
2 EL Olivenöl
grob geschroteter schwarzer Pfeffer
2 EL gehackte Cashewkerne

1 Die Grapefruits heiß waschen, trockenreiben und halbieren. Das Fruchtfleisch aus den Hälften lösen und klein würfeln; etwa die Hälfte davon beiseite stellen.
2 Petersilie waschen, trockenschütteln, die Blättchen von den Stängeln zupfen und hacken. Die Rote-Bete-Knolle waschen, schälen und auf einer Küchenreibe fein raspeln.
3 Die Birne schälen, vom Kerngehäuse befreien und auf einer Küchenreibe raspeln oder klein würfeln. Mit der Roten Bete, der Hälfte der Grapefruitwürfel sowie dem Olivenöl vermengen. Leicht pfeffern und die Mischung in die Grapefruithälften füllen. Je zwei Hälfen auf einem Teller anrichten und mit Cashewkernen bestreuen. Ringsum die restlichen Grapefruitwürfel anrichten.

Zubereitungszeit: 20 Minuten

Variante Gerne können Sie auch die hellen Grapefruits nehmen, aber die rosafarbenen sind etwas süßer. Nach Bedarf das Olivenöl mit etwas Honig anreichern und anstatt Cashews Mandelstifte, Erdnüsse oder Macadamianüsse verwenden.

Wissenswertes Um eine Steinfrucht handelt es sich bei der vermeintlichen Cashew-Nuss. Und das ist so: Auf dem Cashewbaum wachsen Cashewäpfel, die genau genommen Scheinfrüchte mit einem verdickten Fruchtstiel sind. An diesem Stiel wachsen die Cashews – und zwar überwiegend in Südamerika, Indien sowie in Afrika, wo sie auch unter dem Namen „Elefantenlaus" – wegen ihres nierenförmigen Aussehens – bekannt sind. Cashews schmecken gut, sind aber gehaltvoll: pro 100 g haben sie fast 600 kcal.

Gefüllte Oliven mit Kürbiscreme

Pikante Pralinen

Für 2 Portionen
20 bis 24 große, eingelegte
grüne oder schwarze Oliven
150 g Butternut- oder Hokkaidokürbisfruchtfleisch
1 EL Kürbiskernöl
1 Prise Cayennepfeffer
1 Prise Chilipulver
Kräutersalz
schwarzer Pfeffer

1 Die Oliven entsteinen, aber nicht durchschneiden. Das Kürbisfruchtfleisch mit dem Kürbiskernöl im Küchenmixer pürieren.
2 Die Kürbiscreme mit Cayennepfeffer, Chilipulver, Kräutersalz und Pfeffer würzen.
3 Die Oliven mit der Creme füllen und auf einem Teller anrichten.

Zubereitungszeit: 20 Minuten

Variante Bereiten Sie die doppelte Menge der Kürbiscreme zu und servieren Sie diese mit Gemüsestangen zum Dippen, beispielsweise mit Sellerie, Möhren, Paprika oder Zucchini. Oder Sie hacken ein paar schwarze Oliven sehr fein und ziehen diese unter die Kürbiscreme.

Wissenswertes Bei Oliven gibt es genauso viele Sorten wie bei Äpfeln: große, kleine und geschmacklich sehr unterschiedliche. Besonders in südländischen Geschäften, bei Türken, Griechen, Spaniern und Italienern gibt es meist eine größere Auswahl an Olivensorten. Verwenden Sie für dieses Rezept schöne große Oliven, sie lassen sich besser füllen.

Olivenpaste in Kirschtomaten

Mal schnell für Zwischendurch

Für 2 Portionen
etwa 16 kleine Kirschtomaten
200 g schwarze Oliven
½ TL scharfer Senf
2 EL Olivenöl
1 EL eingelegte Kapern
grob geschroteter schwarzer Pfeffer

1 Die Kirschtomaten waschen, am Stielansatz einen Deckel abschneiden und die Tomaten aushöhlen.
2 Oliven entsteinen und im Küchenmixer mit Senf und Olivenöl pürieren. Die Kapern auf einem Schneidebrett fein hacken.
3 Die Olivenpaste mit Pfeffer würzen und in die Kirschtomaten füllen. Mit Kapern belegen und auf einem Teller anrichten.

Zubereitungszeit: 30 Minuten

Variante Sie können auch große Tomaten vierteln, entkernen und darauf die Olivenpaste verteilen. Oder die Olivenpaste in zwei Portionsschalen anrichten und dazu Salat oder Gemüse zum Dippen servieren: beispielsweise Tomatenstreifen, feste Blätter von Salatherzen, Staudensellerie, Streifen von Gurken und Zucchini.

Wissenswertes Die Olivenpaste ist der berühmten Tapenade aus der Provence nachempfunden. Diese besteht aus schwarzen Oliven, Thunfisch, Anjovisfilets, Kapern, Olivenöl und Cognac. Für alle, die nicht nur Rohkost lieben: Schmeckt herrlich auf gerösteltem Weißbrot.

Basilikum-Tomaten auf Zucchinitalern

Italienisches Flair

Für 2 Portionen
½ Bund Basilikum
2 Knoblauchzehen
2 EL Olivenöl
100 g schwarze Oliven
2 Tomaten
Vollmeersalz
schwarzer Pfeffer
1 Zucchino

1 Basilikum waschen, trockenschütteln, die Blättchen von den Stängeln zupfen und fein hacken. Die Knoblauchzehen schälen und durch eine Knoblauchpresse in das Olivenöl drücken.
2 Die Oliven entsteinen und fein hacken. Die Tomaten waschen, entkernen und in kleinste Würfel schneiden.
3 Alle vorbereiteten Zutaten vermengen und mit Vollmeersalz sowie mit Pfeffer würzen.
4 Den Zucchino waschen, von Stiel- und Blütenansatz befreien und schräg in etwa 1 cm dicke Scheiben schneiden. Die Zucchinischeiben mit der Sauce bestreichen und vernaschen.

Zubereitungszeit: 30 Minuten

Variante Sie könnten den Zucchino auch in lange, hauchdünne Scheiben schneiden, diese flächig auf Tellern verteilen und mit dem Basilikum-Tomaten-Öl beträufeln. Zusätzlich noch in Olivenöl eingelegte, getrocknete Tomaten sowie gehackte Pinienkerne darüber streuen.
Das oben vorgestellte Rezept erinnert an das berühmte Pesto aus Italien. Jedoch: Der Knoblauch wird beim Pesto mit Salz und Basilikum im Mörser zerrieben. Dazu kommen die köstlichen Pinienkerne und Parmesanspäne, die ebenfalls zerrieben werden. Wer sich nicht nur für Rohkost begeistert, kann das ausprobieren – oder zur Abwechslung die oben angegebene Sauce mit 1 EL Mascarpone oder Crème fraîche geschmeidig rühren.

Zucchini-Tomaten-Terrine mit Wasabisauce

AUGENSCHMAUS UND GAUMENFREUDE

FÜR 1 KASTENFORM MIT 1 LITER INHALT
2 große Zucchini (je etwa 220 g)
2–3 große Fleischtomaten
Vollmeersalz · grob geschroteter schwarzer Pfeffer
Saft von ¼ Zitrone · 1 Bund Basilikum
1 Knoblauchzehe · 4 EL Olivenöl
120 g Pinienkerne
4–5 g Bindobin (Reformhaus)

FÜR DIE SAUCE:
5 EL Tamari-Sojasauce · ½ TL Wasabipulver
½ TL Honig · 1 TL Sesamsamen

AUSSERDEM:
Klarsichtfolie

1 Die Zucchini waschen, jeweils Stiel- und Blütenansatz entfernen und die Früchte auf einem Gurkenhobel längs in dünne Scheiben schneiden. Die Tomaten mit dem Sparschäler häuten, die Stielansätze entfernen, die Tomaten halbieren und in dünne Scheiben schneiden.

2 Die Zucchinischeiben in ein Sieb geben, mit Vollmeersalz, Pfeffer und Zitronensaft würzen und etwa 10 Minuten ziehen lassen. Die Tomatenscheiben auf eine große Platte geben, leicht salzen und ebenfalls ziehen lassen.

3 Das Basilikum waschen, trockenschütteln, die Blättchen abzupfen und in Streifen schneiden. Knoblauch schälen und durch eine Knoblauchpresse in das Olivenöl drücken. Die Pinienkerne im Mörser etwas zerreiben und zusammen mit dem Basilikum unter das Knoblauchöl rühren. Anschließend 50 ml Wasser und das Bindobin untermischen.

4 Die Kastenform mit Klarsichtfolie auskleiden, dabei genügend Folie überhängen lassen, um sie später als Abdeckung über dem Gemüse zusammenlegen zu können. Zucchinischeiben mit Küchenpapier sorgfältig trockentupfen. Tomaten mit den Händen sehr gut auspressen und auf Küchenpapier abtropfen lassen.

5 Den Boden und die Seitenwände der Form quer mit einem Teil der Zucchinischeiben leicht überlappend auslegen, so dass sie über den Rand der Form hinausragen. Die Zucchinischeiben mit etwas Pinienkernbrei bestreichen und darauf eine Lage Tomaten schichten. Diese ebenfalls mit etwas Pinienkernbrei bestreichen, darauf längs eine Lage Zucchinischeiben legen. Mit den Händen fest anpressen und wieder etwas Pinienbrei darüber verteilen. So fortfahren, bis alle Zutaten verbraucht sind, die letzte Lage sollte aus Tomaten bestehen. Den restlichen Brei auf der obere Tomatenschicht verteilen, die überhängenden Zucchinistreifen darüber zusammenschlagen.

6 Alles mit der überhängenden Folie abdecken und mit einem passenden Brett bedecken oder – falls die Form nicht bis zum Rand gefüllt ist – eine zweite Kastenform auf die Oberfläche stellen. Mit einem Gewicht von etwa 1 kg (beispielsweise Konservendosen) beschweren und die Terrine für 6 bis 7 Stunden in den Kühlschrank stellen.

7 Aus Tamari-Sojasauce, Wasabipulver und Honig eine Sauce rühren. Mit Sesam würzen und bereitstellen.

8 Die Form aus dem Kühlschrank nehmen, eventuell angesammelte Flüssigkeit abgießen. Terrine mit der Folie aus der Form stürzen und mit einem scharfen Messer in dicke Scheiben schneiden. Die Folie entfernen und die Terrine mit der Sauce servieren.

ZUBEREITUNGSZEIT: 50 MINUTEN + KÜHLZEIT: 6 BIS 7 STUNDEN

PROFITIPP Die Bindung der Terrine kommt durch Pressen, Kühlen und den Zusatz von Bindobin zustande, einem natürlichen Bindemittel aus Carob. Beim Aufschneiden heißt es vorsichtig sein, damit die Schichten nicht auseinander rutschen: Auf jeden Fall gut in Form bleiben die Scheiben, wenn Sie die Folie erst nach dem Schneiden entfernen.

VARIANTE Eine fruchtige Sauce passt ebenfalls zu der Terrine: Dafür die Haut von 2 bis 3 reifen Pfirsichen mit dem Sparschäler abschälen. Das Fruchtfleisch im Mixer pürieren. 1 zerbröselte Chilischote und 1 Esslöffel gehackte Pinienkerne untermischen, mit buntem Pfeffer würzen.
Wer nicht nur reine Rohkost mag, kann auch 200 ml Sahne halbsteif schlagen und gehackte Kräuter, 1 Teelöffel Kürbiskernöl, 1 Esslöffel mit Orangenschale aromatisiertes Olivenöl sowie Salz, bunten Pfeffer und einen Spritzer Zitronensaft untermischen.

Nusskugeln mit Mandel-Datteln

Mit Tomaten und Schnittlauchöl

Für 2 Portionen
150 g gemischte, geschälte Nüsse
(Cashews, Haselnüsse, Mandeln, Walnüsse)
1 EL Edelhefe (Reformhaus)
1 Msp. gemahlene Muskatnuss · ¼ TL Vollmeersalz

Für das Schnittlauchöl:
½ Bund Schnittlauch · 2 EL Walnussöl
grob geschroteter schwarzer Pfeffer

Für die gefüllten Datteln:
8 getrocknete Datteln · 8 geschälte Mandeln

Außerdem:
8 Cocktailtomaten
rosenscharfes oder edelsüßes Paprikapulver

1 Die Nüsse in ein Küchentuch wickeln und mit einem Fleischklopfer zerkleinern. Zusammen mit der Edelhefe, Muskat sowie Vollmeersalz in einer Schüssel verkneten. Eventuell noch 1 EL lauwarmes Wasser untermischen. Mit angefeuchteten Händen kleine Kugeln formen, auf einen Teller legen und mit Klarsichtfolie abgedeckt mindestens 1 Stunde kalt stellen.
2 Den Schnittlauch waschen, trockenschütteln und in Röllchen schneiden. Mit dem Walnussöl verrühren und mit Pfeffer würzen.
3 Die Kerne aus den Datteln entfernen und stattdessen je eine Mandel einlegen. Die Cocktailtomaten waschen und halbieren.
4 Gefüllte Datteln, Tomatenhälften und Nusskugeln auf zwei Teller verteilen. Die Tomatenhälften mit Schnittlauchöl beträufeln. Alles mit Paprikapulver bestäuben.

Zubereitungszeit: 30 Minuten + Kühlzeit: 1 Stunde

Profitipp Frische Datteln werden wie Pflaumen gegessen, man sollte sie allerdings häuten. Getrocknete Datteln sind süßer, doch Vorsicht: Oftmals sind sie dick mit Glukosesirup ummantelt. Am besten im Reformhaus oder Bioladen einkaufen.

Belegte Apfel- und Birnenspalten

Schwupps – und weg!

Für 2 Portionen
1 Rote-Bete-Knolle (150 bis 200 g)
Saft von 1 Zitrone · 4 Stängel glatte Petersilie
2 cm frische Meerrettichwurzel
1 EL Gomasio (Sesamsalz aus dem Reformhaus)
2 EL Maiskeimöl
Kräutersalz · grob gemahlener bunter Pfeffer

Außerdem:
1 Apfel · 1 Birne · 50 g Sesamsamen

1 Die Rote-Bete-Knolle waschen, schälen und auf einer Küchenreibe fein raspeln. Mit Saft von etwa ¼ Zitrone beträufeln. Die Petersilie waschen, trockenschütteln, die Blättchen von den Stängeln zupfen und fein hacken.
2 Den Meerrettich schälen und auf der Küchenreibe raspeln. Die Rote-Bete-Raspel mit Petersilie, Meerrettich, Gomasio und dem Maiskeimöl vermengen. Alles mit Kräutersalz und buntem Pfeffer würzen.
3 Apfel und Birne waschen, abtrocknen, vierteln, jeweils vom Kerngehäuse befreien und in handliche Spalten schneiden. Mit dem restlichen Zitronensaft beträufeln und das Obst auf zwei Teller verteilen. Gleichmäßig mit Sesamsamen bestreuen und teelöffelweise mit dem Rote-Bete-Salat belegen.

Zubereitungszeit: 30 Minuten

Variante Die Apfelspalten zusätzlich mit Walnusskernen, ganzen Mandeln oder Pinienkernen belegen. Anstatt der Äpfel und Birnen können Sie auch eine andere Unterlage wählen: Zum Beispiel Scheiben von Bananen oder Zucchini, aber auch knackige Salatblätter wie etwa von Eisberg- oder Romanasalat.

Wissenswertes In Reformhäusern gibt es vieles, was die Herzen von Rohkostfans höher schlagen lässt. Gewürze, Pasten, Dips und Saucen – so auch Gomasio, ein Gewürzsalz mit einem hohen Anteil an gemahlenem Sesam und geringem Salzgehalt.

Kohlrabi-Doppeldecker mit Erdnusscreme

LECKERBISSEN MIT CURRY

FÜR 2 PORTIONEN
je ½ unbehandelte Orange und Zitrone
1 EL Erdnusspüree
100 ml Erdnussöl
1 große Kohlrabiknolle
Currypulver

1 Orange und Zitrone heiß waschen, fest abreiben und jeweils ein klein wenig Schale abreiben. Die beiden Zitrusfrüchte auspressen.
2 Im Küchenmixer Orangen- und Zitronensaft sowie die abgeriebene Schale mit dem Erdnusspüree und 50 ml Wasser kräftig mixen. Nach und nach bei Höchststufe Erdnussöl und Wasser abwechselnd langsam zugießen.
3 Die Erdnusscreme in eine Glas- oder Porzellanschüssel füllen, abdecken und für etwa 1 Stunde ruhen lassen.
4 Die Kohlrabiknolle waschen, schälen, in dünne Scheiben schneiden und diese halbieren. Je eine Kohlrabischeibe mit Erdnusscreme bestreichen und eine zweite darauf drücken. Die Kohlrabi-Doppeldecker auf zwei Teller verteilen und mit Currypulver bestäuben.

ZUBEREITUNGSZEIT: 20 MINUTEN + RUHEZEIT: 1 STUNDE

PROFITIPP Verdoppeln Sie die Menge für die Erdnusscreme und stellen Sie diese Köstlichkeit auf Vorrat in den Kühlschrank. Sie passt auch gut zu Apfelspalten, Zucchini- und Tomatenscheiben oder Paprikastücken. Statt der Erdnüsse können Sie auch andere Nusssorten verwenden.

WISSENSWERTES Erdnüsse sind in Wahrheit gar keine Nüsse, sondern Hülsenfrüchte. Nachdem die Frucht sich gebildet hat, neigen sich die Pflanzenstängel dem Boden zu, und die Erdnüsse gedeihen dann im Erdreich.

Grüne Burger mit Senf-Dill-Sauce

WER DENKT DA AN FAST-FOOD?

FÜR 2 PORTIONEN
½ Zucchino · 1 gelbe Paprikaschote
2 Tomaten
je 100 g Soja- und Alfalfa-Sprossen
2 große Eisbergsalatblätter

FÜR DIE SAUCE:
3 Stängel Dill
1 TL mittelscharfer Senf · 1 TL Akazienhonig
1 EL weißer Aceto balsamico · 4 EL Olivenöl
Vollmeersalz · schwarzer Pfeffer
¼ TL Schwarzkümmel

1 Zucchino waschen und in Scheibchen schneiden. Die Paprikaschote waschen, entkernen und in kleine Stücke schneiden. Die Tomaten waschen, entkernen und in Streifen schneiden.
2 Die Soja- und die Alfalfa-Sprossen waschen und gründlich abtropfen lassen. Die Salatblätter waschen und mit Küchenpapier trockentupfen.
3 Den Dill waschen, trockenschütteln, die Blättchen von den Stängeln zupfen und fein hacken. Senf, Akazienhonig, Essig und Olivenöl verrühren. Den Dill unterziehen und alles mit Vollmeersalz, Pfeffer und Schwarzkümmel würzen.
4 Die Salatblätter ausbreiten. Jeweils auf eine Hälfte abwechselnd Zucchinischeibchen, Paprikastückchen, Tomatenstreifen, Soja- und Alfalfa-Sprossen legen. Dabei zwischen die einzelnen Lagen jeweils etwas Senf-Dill-Sauce träufeln.
5 Die andere Blatthälfte darüberklappen – und hineinbeißen!

ZUBEREITUNGSZEIT: 30 MINUTEN

VARIANTE Sie können auch feste Blätter vom Romana- oder Kopfsalat für dieses Rezept wählen. Wer nicht nur reine Rohkost schätzt, kann sich zwischen die Gemüselagen noch ein paar Parmesanspäne streuen.

Wirsing-Täschchen auf Tomatensauce

Die Alternative zum Krautwickel

Für 2 Portionen
250 g Tomaten · 4 Stängel Basilikum
1 Schalotte · 1 Knoblauchzehe
2 EL Olivenöl · Kräutersalz · schwarzer Pfeffer

Für die Wirsing-Täschchen:
8 zarte kleine Wirsingblätter (aus dem Inneren des Kohls)
50 g Rosinen · Saft von ½ Orange · 1 Möhre
50 g Pinienkerne · ½ Döschen Safranpulver · ½ TL Gomasio
3 EL Olivenöl · ½ Bund Schnittlauch

Nach Belieben:
8 Physalis

1 Tomaten waschen und kleiner schneiden. Basilikum waschen, trockenschütteln und die Blättchen abzupfen. Schalotte und Knoblauch schälen und grob zerschneiden. Alles mit Olivenöl im Küchenmixer fein pürieren. Mit Kräutersalz und Pfeffer würzen.
2 Die Wirsingblätter waschen, trockentupfen und die dicken Blattrippen entfernen. Die Rosinen mit Orangensaft übergießen. Die Möhre schälen und fein raspeln. Pinienkerne mit Safran und Gomasio im Mörser zerreiben. Die Rosinen mit Möhre, Pinienkernen sowie dem Olivenöl vermischen und jeweils in der Mitte der Wirsingblätter verteilen.
3 Schnittlauch waschen, trockenschütteln, 8 schöne lange Halme beiseite legen und die restlichen in Röllchen schneiden. Die Schnittlauchröllchen auf die Füllung streuen.
4 Die Wirsingblätter an den Seiten einschlagen und aufrollen. Mit je einem Schnittlauchhalm zusammenbinden.
5 Tomatensauce auf zwei tiefe Teller verteilen und je vier Wirsingpäckchen daraufgeben. Mit der restlichen Sauce überziehen. Nach Belieben die Tellerränder mit Physalis garnieren.

Zubereitungszeit: 30 Minuten

Profitipp Achten Sie darauf, dass Sie Früh-Wirsing bekommen, er ist zarter und leichter verdaulich.

Aromatisierte Kirschtomaten auf Süßmais

Süss-pikante Gabelbissen

Für 2 Portionen
16–20 Kirschtomaten
Kräutersalz · grob geschroteter schwarzer Pfeffer
2 Knoblauchzehen
5 EL Olivenöl
1 Kolben Süßmais
einige Safranfäden

1 Den Backofen auf 45 °C vorheizen. Kirschtomaten waschen, abtrocknen und halbieren, dabei den Stielansatz entfernen. Die Tomatenhälften auf einem Backblech auslegen, salzen, pfeffern und im vorgeheizten Ofen etwa 2 Stunden leicht trocknen lassen.
2 Die Knoblauchzehen schälen und durch eine Knoblauchpresse in das Olivenöl drücken. Die Maiskörner mit einem scharfen Messer vom Kolben lösen und mit 1 EL Knoblauchöl sowie den Safranfäden im Mörser grob zerreiben.
3 Das Maispüree mit dem restlichen Knoblauchöl verrühren und in Portionsschälchen oder Gläser füllen. Die Tomatenhälften aus dem Ofen nehmen und darauf verteilen.

Zubereitungszeit: 20 Minuten + Trockenzeit: 2 Stunden

Profitipp Die Tomatenhälften können auch länger getrocknet werden. Je länger die Trockenzeit ist, desto konzentrierter wird das Aroma.

Wissenswertes Alle grünen Teile von Tomaten sollten nicht gegessen werden, denn sie sind ungenießbar. Die Haut gilt als schwerverdaulich. Auch bei Genuss von rohen Tomaten können Sie die Häute problemlos entfernen, gut geht das mit einem Sparschäler. Tomaten gehören nicht in den Kühlschrank, denn beim Lagern – beispielsweise auf der Fensterbank – können sie noch gut nachreifen. Trocken und luftig aufbewahrt halten sich Tomaten bei Zimmertemperatur einige Tage. Allerdings sollten sie lieber für sich bleiben, denn Tomaten geben das Reifegas Äthylen ab. Dieses bewirkt, dass sich Gemüse wie Brokkoli und Gurken gelb färben und auch weitgehend ihr Aroma verlieren.

Zucchini-Scheibchen mit würzigem Kräuterdressing

Zergehen auf der Zunge

Für 2 Portionen
½ TL getrocknete Minze
½ TL gemahlener Koriander
1 Prise Knoblauchpulver
1 EL gesalzene Pistazienkerne
1 TL getrocknete Zitronenschalen (siehe Profitipp)
8 EL Olivenöl
1 großer Zucchino
grob geschroteter schwarzer Pfeffer

1 Minze, Koriander und Knoblauch mit den Pistazienkernen und der getrockneten Zitronenschale im Mörser fein zerreiben. Anschließend mit dem Olivenöl verrühren.
2 Den Zucchino waschen, von Stiel- und Blütenansatz befreien und auf dem Küchenhobel in hauchdünne Scheiben hobeln.
3 Die Zucchinischeibchen flächig auf zwei Tellern verteilen. Mit dem Dressing beträufeln und mit Pfeffer bestreuen.

Zubereitungszeit: 15 Minuten

Profitipp Unbehandelte Zitronen heiß waschen und mit Küchenpapier fest abreiben. Die Schalen girlandenförmig von den Zitronen abschneiden, aber so, dass keine weißen Innenhäute daran sind. Die Schalen auf ein Backblech legen und in den auf 45 °C vorgeheizten Backofen schieben. Die Schalen etwa 3 Stunden trocknen lassen. Sie dürfen sich nicht verfärben, aber sollen trocken genug sein, dass man sie leicht brechen kann. Die Zitronenschalen in einer Dose dunkel und trocken aufbewahren und für Gewürzmischungen verwenden.

Wissenswertes Die Blätter frischer Pfefferminze haben einen erfrischenden, würzigen Geschmack, der, bedingt durch den hohen Mentholgehalt, im Mund ein angenehmes Kältegefühl hinterlässt. Besonders in der orientalischen Küche ist die Minze äußerst beliebt – etwa so, wie Petersilie bei uns.

Gefüllte Avocado mit Mandel-Honig-Sauce

Köstliche Kombination

Für 2 Portionen
100 g Alfalfa-Sprossen
100 g schwarze Oliven
2 Tomaten
50 g Walnusskerne

Für die Sauce:
½ TL Mandelmus (Reformhaus)
½ TL Honig · 5 EL Olivenöl
Vollmeersalz · schwarzer Pfeffer

Ausserdem:
2 reife Avocados
Saft von ¼ Zitrone

1 Die Alfalfa-Sprossen waschen und in einem Sieb abtropfen lassen. Die Oliven entsteinen und in Streifen schneiden. Die Tomaten waschen, halbieren, entkernen und in Streifen schneiden. Die Walnusskerne in ein Küchentuch wickeln und mit einem Fleischklopfer zerkleinern.
2 Für die Sauce das Mandelmus mit dem Honig und dem Olivenöl verquirlen, salzen und pfeffern. Avocados halbieren, die Kerne entfernen und das Fruchtfleisch fächerförmig einschneiden, dabei jedoch nicht ganz durchtrennen.
3 Die Avocadohälften mit Zitronensaft beträufeln und mit dem Hohlraum nach oben auf die Teller setzen. Alfalfa-Sprossen, Oliven und Tomaten locker in die Avocadohälften füllen, auch rundherum streuen und alles löffelweise mit der Sauce überziehen.

Zubereitungszeit: 20 Minuten

Wissenswertes Obst und Gemüse sollte möglichst nicht geschält werden, weil sich zahlreiche sekundäre Pflanzenstoffe unter der Schale befinden. Gut waschen und mit Küchenpapier oder Küchentuch fest abreiben – das reicht. Schälen Sie nur, was nötig ist, wie beispielsweise weißer Spargel, Kohlrabi, Rote Bete oder Bananen und Ananas.

Champignonköpfe mit Olivenfüllung

FÜR DEN KLEINEN HUNGER ZWISCHENDURCH

FÜR 2 PORTIONEN
100 g schwarze Oliven
1 Knoblauchzehe
3 EL Olivenöl
½ TL getrocknete Kräuter der Provence
20 mittelgroße Champignons
Salz · schwarzer Pfeffer

1 Die Oliven entsteinen und sehr fein hacken. Knoblauch schälen und durch eine Knoblauchpresse in das Olivenöl drücken. Die Oliven sowie die Kräuter der Provence unterziehen.
2 Die Champignons putzen, die Haut abziehen und die Stiele herausdrehen. Die Olivenmischung in die Champignonköpfe füllen und diese auf einem großen Teller anrichten. Ganz leicht salzen und pfeffern.

ZUBEREITUNGSZEIT: 30 MINUTEN

PROFITIPP Champignons sind von höchster Qualität und intensivem Geschmack, wenn sie aromatisch duften, geschlossene, feste Hüte und eine seidig glatte Oberfläche haben. Schmutzstellen lassen sich leicht durch das Abziehen der Haut beseitigen. Waschen ist nicht zu empfehlen, weil sie dadurch viel an Geschmack verlieren und Wasser aufnehmen.

WISSENSWERTES Geben Sie sich bei Olivenöl nur mit dem Besten zufrieden, denn es gibt Unterschiede. Das wertvollste und teuerste ist das Tropföl, jenes Öl, das ohne Druck oder äußere Einwirkung von alleine aus dem Olivenbrei tropft – pures Gold! Erschwinglicher ist kaltgepresstes, natives Olivenöl extra, das Sie verwenden sollten. Steht nur natives Olivenöl auf der Flasche, dann ist es eine Qualitätsstufe darunter. Bei der simplen Bezeichnung Olivenöl handelt es sich um eine Mischung aus raffiniertem und nativem Olivenöl.

Fruchtige Bällchen mit Korianderdressing

FARBENFROHE HÄPPCHEN

FÜR 2 PORTIONEN
4 Stängel Koriandergrün
¼ TL Korianderkörner
¼ TL Dijon-Senf · 1 EL heller Essig
Saft von ½ Limette · 3 EL Walnussöl
Salz · schwarzer Pfeffer

AUSSERDEM:
1 saftige, größere Papaya
1 reife Avocado

1 Das Koriandergrün waschen, trockenschütteln, die Blättchen von den Stängeln zupfen und fein hacken. Korianderkörner im Mörser grob zerstoßen. Senf, Essig, Limettensaft und Walnussöl verquirlen. Gehacktes Koriandergrün und zerstoßenen Koriander unterziehen und alles mit Salz und Pfeffer würzen.
2 Die Papaya halbieren, Kerne entfernen und aus dem Fruchtfleisch mit einem Kugelausstecher Perlen auslösen. Avocado halbieren und dabei den Kern entfernen. Das Fruchtfleisch ebenfalls mit dem Kugelausstecher herauslösen.
3 Die orangefarbenen und grünen Kugeln auf zwei Teller verteilen und löffelweise mit dem Dressing überziehen.

ZUBEREITUNGSZEIT: 20 MINUTEN

VARIANTE Melonenkugeln würden ebenfalls dazu passen: Honigmelone, Netzmelone oder eine andere Sorte Ihrer Wahl. Rohkost-Grenzgänger können beim Dressing variieren: 1 Eigelb mit ein wenig Senf cremig rühren und wie bei einer Mayonnaise Olivenöl langsam unterschlagen. Mit gehackter Petersilie und Zitronensaft verfeinern und mit Salz und Pfeffer würzen.

WISSENSWERTES Die Rohkostküche lebt von der Vielfalt der Gewürze und Kräuter. Aber auch eine Auswahl an unterschiedlichen guten Ölen und Essigen ist zu empfehlen. Die knackigste Möhre und das zarteste Salatblatt fühlen sich in Begleitung einer kraftvoll-würzigen Marinade besonders wohl.

Vitamin-Tasse

EIN ECHTER MUNTERMACHER

FÜR 2 PORTIONEN
2 Stängel Petersilie
2 Möhren
2 Äpfel
1 TL Olivenöl
1 EL Honig
Saft von 1/2 Zitrone
2 EL Rosinen
2 EL Mandelblättchen

1 Die Petersilie waschen, trockenschütteln, die Blättchen von den Stängeln zupfen und grob hacken. Die Möhren schälen und auf einer Küchenreibe fein raspeln. Die Äpfel abwaschen, abtrocknen, vom Kerngehäuse befreien und ebenfalls fein raspeln.
2 Das Olivenöl mit dem Honig und dem Zitronensaft verrühren. Zusammen mit den Möhren- und Apfelraspel sowie den Rosinen locker vermengen und in zwei Tassen füllen. Mit Mandelblättchen bestreuen und sofort verspeisen.

ZUBEREITUNGSZEIT: 15 MINUTEN

VARIANTE Wer mag, kann an Stelle des Olivenöls 3 bis 4 Esslöffel Vollmilchjoghurt verwenden. Kräuter nach Lust und Verfügbarkeit wählen, so passt auch Gartenkresse, Dill, Kerbel, Oregano oder Basilikum.

WISSENSWERTES Eine Kleinigkeit essen, bevor der große Hunger kommt, das ist somatische Intelligenz. Denn wenn sich der Hunger meldet, macht sich oft bereits der abgesenkte Blutzuckerspiegel bemerkbar und es kann zu leichten Kreislaufproblemen oder Konzentrationsschwierigkeiten kommen. Es empfiehlt sich also, zwischendurch einen Apfel, ein paar Weintrauben, einen Pfirsich oder anderes saisonfrisches Obst zu essen. Der Fruchtzucker gibt sofort neue Energie – und der Appetit auf ungesundes Süßes kommt gar nicht erst auf.

Marinierte Zucchiniröllchen

MEDITERRAN ANGEHAUCHT

FÜR 2 PORTIONEN
1 Bund glatte Petersilie
50 g Pinienkerne · 4 Knoblauchzehen
100 ml Olivenöl · Saft von 1/2 Zitrone
Vollmeersalz · grob geschroteter schwarzer Pfeffer
1 dickerer Zucchino · etwa 12 bis 16 schwarze Oliven

AUSSERDEM:
Zahnstocher

1 Die Petersilie waschen, trockenschütteln, die Blättchen von den Stängeln zupfen und fein hacken. Pinienkerne im Mörser zerreiben. Knoblauch schälen und mitreiben oder zerstoßen.
2 Die vorbereiteten Zutaten mit dem Olivenöl und dem Zitronensaft kräftig aufschlagen. Mit Vollmeersalz und Pfeffer würzen.
3 Zucchino waschen, von Stiel- und Blütenansatz befreien und auf einem Küchenhobel in längliche, dünne Scheiben schneiden. Die Oliven entsteinen.
4 Die Zucchinischeiben vorsichtig aufrollen und jeweils zusammen mit einer Olive auf ein Holzstäbchen spießen.
5 Die Zucchiniröllchen in eine tiefe Form geben und mit dem aromatisierten Olivenöl beträufeln. Mit Folie abdecken und bei Zimmertemperatur etwa 2 Stunden marinieren lassen.

ZUBEREITUNGSZEIT: 30 MINUTEN + MARINIERZEIT: ETWA 2 STUNDEN

VARIANTE Würzmöglichkeiten gibt es auch hier viele: Oregano oder gemischte Kräuter, grüne Oliven und klein gehackte, in Olivenöl eingelegte getrocknete Tomaten.

WISSENSWERTES Grüne Oliven sind unreif und werden im Oktober geerntet. Bleiben die Oliven länger am Baum, färben sie sich braun, rot, violett bis hin zum vollreifen Zustand: dann sind sie schwarz. Wenn Sie schwarze Oliven mögen, achten Sie beim Einkauf unbedingt darauf, dass es sich nicht um schwarz gefärbte Oliven handelt! Die schmecken nämlich unreif und „grün". Probieren Sie in südländischen Geschäften an der Oliventheke, dann bekommen Sie garantiert echte schwarze Oliven.

Avocado im Mango-Rosen-Bad

So ist Naschen gesund ...

Für 2 Portionen
1 reife, saftige Mango
1 Prise gemahlener Kardamom
grob gemahlener bunter Pfeffer
½ TL Rosenwasser (Asienladen, Reformhaus)
4 Stängel Koriandergrün
2 kleine, reife Avocado · Saft von ½ Limette

1 Mango schälen, halbieren und den Stein entfernen. Mangofruchtfleisch mit Kardamom und buntem Pfeffer im Küchenmixer cremig pürieren. Mit Rosenwasser parfürmieren.
2 Das Koriandergrün waschen, trockenschütteln, die Blättchen von den Stängeln zupfen und fein hacken. Avocados halbieren, die Kerne entfernen und das Fruchtfleisch aus der Schale lösen.
3 Avocadofruchtfleisch in längliche, handliche Spalten schneiden. Mit Limettensaft beträufeln und mit Koriander bestreuen.
4 Das Mangopüree in zwei tiefen Tellern anrichten. Die Avocadospalten kreisförmig so darauf verteilen, dass sie nur zur Hälfte in das Mango-Rosen-Bad eingetaucht sind.

Zubereitungszeit: 20 Minuten

Profitipp Die Optik mit frischen Rosenblättern noch toppen. Auf keinen Fall jedoch einfach Rosen aus dem Blumengeschäft verwenden, ohne zu fragen, ob sie essbar und wie sie gespritzt sind. In Naturkostgeschäften und Bioläden gibt es immer wieder mal zum Verzehr geeignete Blütenblätter aus biologischen Anbau zu kaufen, so auch Rosenblätter. Apfel- und Kartoffelrose sowie die fünfblättrige Wildrose sind zum Beispiel essbar.

Wissenswertes Glücksgene kann man durch die richtige Ernährung (auf)wecken. Die Gene in unseren Zellkernen warten förmlich darauf, durch Vitamine und andere Nährstoffe richtig gefüttert zu werden. Früchte, Salate, Rohkost, Gemüse, Nüsse und Samen – das sind die Zauberworte für gesunden Genuss.

Blumenkohl-Carpaccio mit Apfel-Rosinen

Fein geraspelt und gewürzt

Für 2 Portionen
1 kleiner Blumenkohlkopf (oder ½ großer)
Salz · 1 Möhre
50 g Rosinen
50 ml Apfelsaft
½ Bund gemischte Kräuter
1 TL Honig
Saft von ½ Zitrone
3 EL Maiskeimöl
1 Msp. Currypulver
schwarzer Pfeffer

1 Den Blumenkohlkopf für etwa 10 Minuten in kaltes Salzwasser legen. Inzwischen die Möhre schälen und fein raspeln. Die Rosinen mit Apfelsaft übergießen.
2 Die Kräuter waschen, trockenschütteln, die Blättchen von den Stängeln zupfen und fein hacken. Blumenkohl trockentupfen und auf einem Küchenhobel feinblättrig schneiden.
3 Honig mit Zitronensaft und Maiskeimöl verrühren. Eingeweichte Rosinen und Kräuter untermengen. Mit Curry, Salz und Pfeffer würzen.
4 Den gehobelten Blumenkohl flächig auf zwei Tellern verteilen und mit Möhrenraspel bestreuen. Löffelweise mit dem Rosinendressing überziehen.

Zubereitungszeit: 30 Minuten

Variante Wer nicht nur reine Rohkost mag, kann sich ein sahniges Dressing auf Joghurtbasis mit eingeweichten, klein geschnittenen Dörrfrüchten zubereiten. Es passt ebenfalls gut zum Blumenkohl.

Wissenswertes Ein Frischeschub an Vitaminen und Mineralien wie bei diesem Rezept bringt den Zellstoffwechsel schnell wieder auf Trab.

Gelbe Zucchini-Streifen mit Paprikasauce

WER VERMISST DA NOCH NUDELN?

FÜR 2 PORTIONEN
5 Stängel glatte Petersilie
1 Knoblauchzehe
2 EL Paprikamark (Ajvar)
Saft von ½ Zitrone
8 EL Olivenöl
Salz · schwarzer Pfeffer
2 mittelgroße gelbe Zucchini

1 Die Petersilie waschen, trockenschütteln, die Blättchen von den Stängeln zupfen und fein hacken. Den Knoblauch schälen und durch eine Knoblauchpresse drücken.
2 Das Paprikamark mit Knoblauch, Zitronensaft und Olivenöl gründlich verrühren. Mit Salz und Pfeffer würzen und die Petersilie unterziehen.
3 Die gelben Zucchini waschen, Stiel- und Blütenansatz entfernen. Von den Zucchini mit einem Sparschäler lange, dünne Streifen abziehen.
4 Die Zucchini-Streifen auf zwei Tellern hübsch anrichten und löffelweise mit der Paprikasauce überziehen.

ZUBEREITUNGSZEIT: 30 MINUTEN

VARIANTE Falls Sie Zucchiniblüten zur Verfügung haben, diese als Dekoration verwenden, entweder ganz oder in Streifen geschnitten. Wer mag, kann sich zusätzlich Pinienkerne und Parmesanspäne über den Teller streuen.

WISSENSWERTES Ajvar ist eine fertige Paste aus Paprikamus, Knoblauch, Zitrone, Olivenöl und Petersilie. Schmeckt auch sehr gut als Brotaufstrich.

Orientalische Möhren

PIKANT GEWÜRZTE LECKERBISSEN

FÜR 2 PORTIONEN
500 g Möhren
3 Knoblauchzehen · Salz
½ TL Korianderkörner
½ kleine rote Chilischote
½ Bund glatte Petersilie
Saft von 1 Zitrone
1 TL Honig · 3 EL Olivenöl
1 TL Kreuzkümmel
grob geschroteter schwarzer Pfeffer

1 Die Möhren waschen, abschaben oder schälen und auf einer Küchenreibe grob raffeln. Die Knoblauchzehen schälen und mit etwas Salz im Mörser gründlich zerreiben. Die Korianderkörner hinzufügen und mitreiben.
2 Die Chilischote waschen, entkernen und fein hacken. Die Petersilie waschen, trockenschütteln, die Blättchen von den Stielen zupfen und fein hacken.
3 Alle vorbereiteten Zutaten mit dem Zitronensaft, Honig und Olivenöl in einer Schüssel locker vermengen. Mit Kreuzkümmel und Pfeffer würzen.

ZUBEREITUNGSZEIT: 30 MINUTEN

PROFITIPP Möhren müssen oder brauchen nicht unbedingt geschält zu werden, weil genau unter und in der Schale viele wertvolle Inhaltsstoffe sitzen. Je nach Herkunft und Beschaffenheit der Möhren die Entscheidung für oder gegen das Schälen fällen.

VARIANTE Wer es kräftiger gewürzt mag: edelsüßes und rosenscharfes Paprikapulver, je 1 Prise gemahlener Kardamom und Currypulver sowie 1 Prise gemahlener Ingwer zusätzlich mit unterrühren.

WISSENSWERTES Wenn Sie die Wahl zwischen krauser und glatter Petersilie haben, sollten Sie die hocharomatische und würzigere glatte Petersilie vorziehen. Krause Petersilie sieht zwar als Dekoration schöner aus, kann aber mit den glatten Blattbrüdern geschmacklich nicht mithalten.

ROHKOSTEN RUND UM DIE WELT

Seidige Gemüse-Nudeln
LECKERE GAUMENSCHMEICHLER

FÜR 2 PORTIONEN

½ Bund Kerbel
1 kleiner Zucchino · 1 Stange Staudensellerie
1 Pastinake · 1 Apfel
Saft von ½ Zitrone · 6 EL Avocadoöl
Salz · schwarzer Pfeffer

FÜR DIE GARNITUR:

2 EL Keimlinge (Linsen, Erbsen, Alfalfa etc.)
2 Aprikosen

1 Den Kerbel waschen, trockenschwenken, die Blättchen von den Stängeln zupfen und grob hacken. Den Zucchino waschen, Stiel- und Blütenansatz entfernen. Staudensellerie putzen, von eventuell vorhandenen Fäden befreien und waschen.
2 Die Pastinake waschen und schälen. Von Zucchino, Sellerie und der Pastinake mit einem Sparschäler längs dünne Streifen abziehen. Den Apfel waschen, abtrocknen, vom Kerngehäuse befreien und mit dem Sparschäler ringsum Spiralen abziehen.
3 Aus Zitronensaft, Avocadöl, Salz und Pfeffer eine Marinade rühren. Den Kerbel unterziehen. Die Gemüse-Nudeln auf zwei Tellern drappieren, löffelweise mit dem Dressing überziehen und mit den Keimlingen bestreuen. Die Aprikosen waschen, in Spalten schneiden und die Tellerränder damit garnieren.

ZUBEREITUNGSZEIT: 30 MINUTEN

VARIANTE Ein Dressing aus Sojasauce, Sojaöl, dunklem Sojaöl, Salz, Pfeffer und 1 Esslöffel frisch gehacktem Basilikum oder Dill schmeckt auch sehr gut dazu.

WISSENSWERTES Mit diesem vitaminreichen Gemüsemix ist Ihr Körper gegen freie Radikale geschützt, die das Immunsystem angreifen. Wenn in der Nahrung zu wenig Vitamin E enthalten ist, wird im wahrsten Sinne des Wortes Fett im Körper „ranzig". Typische Anzeichen dafür sind Altersflecken an den Händen. Vitamin A und E sind etwa in Aprikosen, in gelbem, rotem und grünem Gemüse, in Sonnenblumen- und Sojaöl sowie auch in Vollkorngetreide.

Fruchtiger Gemüse-Becher
ÜBERRASCHENDE MISCHUNG

FÜR 2 PORTIONEN

½ Salatgurke · 1 Kästchen Kresse
1 kleine Rote-Bete-Knolle
1 Orange · 1 Birne
1 kleines Stück Meerrettichwurzel
1 EL Honig · 1 Prise Cayennepfeffer
1 EL Honigessig · 2 EL Olivenöl
Kräutersalz · schwarzer Pfeffer
50 g Studentenfutter

1 Die Salatgurke schälen, entkernen und in Stifte schneiden. Die Kresse aus dem Kästchen schneiden, waschen, trockenschütteln und klein hacken. Die Rote-Bete-Knolle beim Waschen abbürsten, schälen und auf einer Küchenreibe fein raspeln.
2 Die Orange schälen, dabei auch die weiße Haut entfernen und die Filets auslösen. Die Birne waschen, abtrocknen, vom Kerngehäuse befreien und in streichholzgroße Stifte schneiden.
3 Meerrettich schälen und grob raspeln. Aus Honig, Cayennepfeffer, Honigessig und Olivenöl eine Marinade rühren.
4 Gurkenstifte, Orangenfilets, Rote Bete und Birne lagenweise in zwei kleine Becher oder schmale Portionsschalen einschichten. Dabei jede Lage nur leicht salzen und pfeffern und mit etwas Kresse und Meerrettich bestreuen.
5 Erst zum Schluss die Honigsauce darüberträufeln. Das Studentenfutter fein hacken und darüber streuen.

ZUBEREITUNGSZEIT: 30 MINUTEN

VARIANTE Sie können beliebig variieren, falls die eine oder andere Zutat fehlt oder Gemüsereste auf ihre Verwertung warten. Wer auch Milchprodukte mag, kann das Dressing zur Abwechslung mit 100 g Vollmilchjoghurt, 1 Esslöffel Honig und Zitronensaft zubereiten.

WISSENSWERTES In diesen Portionen ist alles drin, was man als „Brainfood" bezeichnen könnte. Wenn die Konzentration nachlässt, zum Beispiel bei langer Arbeit am Computer, können Sie sich von diesem fruchtigen Gemüse-Becher wieder in Schwung bringen lassen.

Pilz-Carpaccio mit Limette
FEINSCHMECKERS LIEBLING

FÜR 2 PORTIONEN
250 g frische Champignons oder Steinpilze (oder gemischt)
1 kleine Zwiebel
½ Bund glatte Petersilie
1 Knoblauchzehe
5 EL Olivenöl
Saft von 1 Limette
Salz · grob geschroteter schwarzer Pfeffer
grob geschroteter Zitronenpfeffer

1 Champignons oder Steinpilze putzen und auf einem Küchenhobel feinblättrig hobeln. Dann flächig auf zwei flachen, großen Tellern anrichten.
2 Die Zwiebel schälen und fein würfeln. Die Petersilie waschen, trockenschütteln, die Blättchen von den Stängeln zupfen und fein hacken. Den Knoblauch schälen, durch die Knoblauchpresse drücken und mit dem Olivenöl verrühren.
3 Den Limettensaft langsam unter das Knoblauchöl schlagen. Die Pilze mit Zwiebelwürfeln und Petersilie bestreuen. Das aromatisierte Öl mit Salz und Pfeffer würzen und gleichmäßig über die Pilzscheiben träufeln. Das Pilz-Carpaccio mit etwas Zitronenpfeffer bestreuen.

ZUBEREITUNGSZEIT: 20 MINUTEN

VARIANTE Anstatt Limette einfach Zitronensaft verwenden und mit einer Spur braunem Zucker würzen. Anstatt Petersilie passt auch Basilikum oder Schnittlauch hervorragend.
Wer sich nicht streng an die Rohkostrichtlinien hält, kann die Marinade mit einem frischen Eigelb anreichern oder zusätzlich in Butter gebratene Pfifferlinge über das Carpaccio streuen. Oder Sie bereiten die Marinade mit gehackten Sardellen sowie gekochtem und fein gehacktem Eigelb zu.

WISSENSWERTES Die Limette, die grüne Schwester der Zitrone, hat ihren Weg zu uns in die Küche gefunden, als der Cocktail „Caipirinha" hierzulande in Mode kam. Der feinsäuerliche Saft der Limette ist würziger als der von Zitronen.

Grüne Zucchini-Spaghetti mit Tomatensauce
KLASSISCH KOMBINIERT

FÜR 2 PORTIONEN
500 g Zucchini
einige Stängel Basilikum und Oregano
250 g Strauchtomaten
3 EL Olivenöl
Kräutersalz
grob geschroteter schwarzer Pfeffer
50 g Pinienkerne

1 Die Zucchini waschen, Stiel- und Blütenansätze entfernen. Von den Zucchini mit einem Sparschäler lange, dünne Streifen abziehen. Diese auf zwei Tellern wie Spaghetti anrichten.
2 Die Kräuter waschen, trockenschütteln, die Blättchen von den Stielen zupfen und die Hälfte davon in Streifen schneiden. Die Tomaten waschen und zusammen mit den Kräuterblättchen sowie dem Olivenöl im Mixer kräftig pürieren. Mit Kräutersalz und Pfeffer würzen und die Sauce löffelweise über die Zucchini-Spaghetti geben.
3 Die Kräuterstreifen zusammen mit den Pinienkernen als Garnitur über die beiden Teller streuen.

ZUBEREITUNGSZEIT: 30 MINUTEN

VARIANTE Zu diesen Gemüse-Spaghetti passen statt einer Tomatensauce auch in Würfel oder Spalten geschnittene Kaki oder Sharonfrüchte.

WISSENSWERTES Die süßen Kaki und Sharonfrüchte strotzen vor Vitamin A und C und erinnern im Geschmack an eine Mischung aus Birne, Pfirsich und Aprikose. Die beiden Früchte sind im Aussehen sehr ähnlich, unterscheiden sich jedoch in der Konsistenz des Fruchtfleisches: Die Kaki ist innen weich und das geleeartige Fruchtfleisch wird am besten ausgelöffelt. Die Sharonfrucht hingegen hat festes Fruchtfleisch und schmeckt knackig frisch.

Fenchel-Orangen mit Oliven
Herrlich italienisch

Für 2 Portionen
2 Fenchelknollen
2 Orangen
1 rote Zwiebel
100 g schwarze Oliven
5 EL Olivenöl
Kräutersalz
grob geschroteter schwarzer Pfeffer

Für die Garnitur:
grob geschroteter roter Pfeffer

1 Fenchelknollen putzen und auf einem Küchenhobel der Länge nach fein hobeln, es sollen dünne, zusammenhängende Scheiben entstehen.
2 Die Orangen schälen, dabei auch die weiße Haut entfernen und die Filets auslösen. Die rote Zwiebel schälen und auf einem Küchenhobel in hauchdünne Scheiben hobeln.
3 Die vorbereiteten Zutaten flächig auf großen Tellern verteilen. Oliven entsteinen, in Streifen schneiden und darüber streuen. Olivenöl mit Kräutersalz und Pfeffer verrühren und gleichmäßig über die beiden Teller träufeln. Mit rotem Pfeffer garnieren.

Zubereitungszeit: 20 Minuten

Profitipp Das Fenchelkraut nicht wegwerfen, es ist besonders aromotisch und verdient, dass es als Würzkraut verwendet wird. Einfach fein hacken und das Fenchelgrün über die angerichteten Teller streuen.

Wissenswertes Frischer Fenchel ist wegen seines charakteristischen Geschmacks eine beliebte Zutat bei Rohkost. Beim Kauf immer die Außenblätter und die Schnittstellen begutachten: Sie dürfen keinesfalls trocken, sondern sollten saftig sein.
Ein Tee aus Fenchelsamen beruhigt den Magen und hilft gegen Magenverstimmungen.

Möhren-Nudeln mit Kräutersauce
Asiatisch gewürzt

Für 2 Portionen
500 g lange Möhren
½ Bund gemischte Kräuter
(Basilikum, Kerbel, Petersilie, Oregano)
2 Frühlingszwiebeln · Saft von 1 Orange
1 EL Mandelmus (Reformhaus) · 1 TL Reformsenf
1 Msp. gemahlene Muskatblüte (Macis)
1 Msp. gemahlener Bockshornklee
4 EL Maiskeimöl

Für die Garnitur:
4 getrocknete Aprikosen
1 Hauch gemahlener Cayennepfeffer

1 Die Möhren waschen und abschaben oder schälen. Mit einem Sparschäler von den Möhren längliche Streifen abziehen. Die Kräuter waschen, trockenschütteln, die Blättchen abzupfen und fein hacken.
2 Die Frühlingszwiebeln putzen und in feine Ringe schneiden. Orangensaft mit Mandelmus, Reformsenf, Muskatblüte, Bockshornklee und Maiskeimöl im Küchenmixer kräftig pürieren.
3 Alles locker miteinander vermengen und auf zwei Tellern verteilen. Die Aprikosen klein schneiden und darüber streuen. Die Möhren-Nudeln mit etwas Cayennepfeffer bestäuben.

Zubereitungszeit: 30 Minuten

Variante Anstelle der Möhrenstreifen mal Zucchini, grünen und weißen Spargel oder weiße Rüben probieren. Wer es süßer mag, mischt sortenreinen Honig wie etwa milden Kleehonig, süßen Akazienhonig oder herben Heidehonig unter die Sauce.

Wissenswertes Bockshornklee ist für Currymischungen unentbehrlich. Besonders in der indischen Küche wird Bockshornklee viel verwendet. Die bräunlich beigen Samen schmecken leicht bitter, werden aber in Kombination mit anderen Gewürzen gefälliger. Sie finden dieses Gewürz in asiatischen Geschäften.

Maki-Sushi mit Dinkel-Sauerkraut
East meets West-Pralinchen

Für 2 Portionen

2 Noriblätter (zu Blättern gepresste getrocknete Algen)
200 g rohes Sauerkraut · 100 g gekeimte Dinkelkörner
1 Msp. Currypulver · ½ Bund glatte Petersilie
1 kleines Stück frische Meerrettichwurzel
1 Apfel (z. B. Golden Delicious) · 1 kleine Birne
½ rote Paprikaschote · grob geschroteter schwarzer Pfeffer

Ausserdem:
1 Bambusmatte (Makisu) · Klarsichtfolie

Nach Belieben:
1 EL Honig

1 Die Bambusmatte mit Klarsichtfolie belegen und darauf ein Noriblatt geben. Das Sauerkraut kleiner schneiden, zwischen zwei bis drei Lagen Küchenpapier legen und die Feuchtigkeit mit den Händen herauspressen. Anschließend das Sauerkraut mit den Dinkelkörnern und dem Currypulver vermischen.

2 Die Petersilie waschen, trockenschwenken, die Blättchen abzupfen und grob hacken. Meerrettich schälen und fein schaben. Den Apfel sowie die Birne waschen, abtrocknen, vom Kerngehäuse befreien und beide Früchte in dünne, längliche Spalten schneiden. Die Paprikaschote mit einem Sparschäler schälen und in dünne Streifen schneiden.

3 Die Hälfte der Sauerkrautmischung auf dem Algenblatt verteilen, dabei jedoch ringsum einen Rand freilassen. Das Sauerkraut mit Petersilie und Meerrettich bestreuen. Die Hälfte der Apfel- und Birnenspalten sowie der Paprikastreifen der Länge nach darauf legen und leicht mit Pfeffer bestreuen.

4 Nun das Noriblatt so zusammenrollen und -pressen, dass die Rolle fest und rund wird. Dabei hilft Ihnen die Bambusmatte. Die Noriblattenden mit angefeuchteten Fingern verschließen.

5 Aus dem Rest der Füllung und dem zweiten Noriblatt ebenfalls eine solche Rolle herstellen. Beide Rollen mit einem scharfen Messer quer in Scheiben schneiden und auf einem Teller anrichten. Nach Belieben die Maki-Sushi mit etwas Honig beträufeln.

Zubereitungszeit: 30 Minuten

Profitipp Kleine Reste, die aus der Rolle fallen oder zuviel sind, einfach in einer Portionsschale vermischen und vernaschen. Mittlerweile bekommen Sie Ihre Sushi-Ausrüstung nicht nur in speziellen Japanläden, sondern auch die Lebensmittelabteilungen der Kaufhäuser stellen komplette Sets mit Anleitung bereit. Dazu gibt es die Zutaten von Wasabi (japanischer Meerrettich) bis hin zu den verschiedensten Algenblättern.
Bei der Zubereitung einer Sushirolle muss das Algenblatt vollständig trocken sein. Zu schnell werden die Noriblätter durch Feuchtigkeit weich, rollen sich an den Kanten ein und lassen sich dann schlecht verarbeiten. Erst zuletzt, wenn die ganze Rolle fertig ist, werden die Blattkanten oder -enden mit feuchten Fingern verklebt. Die Sushi-Rolle dann quer mit einem sehr scharfem Messer in Scheiben schneiden und sofort genießen.

Variante Anstatt der Dinkelkörner können Sie nach Belieben auch andere Keimlinge oder fein gehackte Nüsse verwenden. Überhaupt lässt sich in diese zu Rollen geformten und gewickelten Rohkost-Sushi fast alles hineinpacken: Gurke, Avocado, Rucola, Shiitake-Pilze, Spinat, japanischer Rettich, Möhre, Zucchini oder auch Früchte.

Wissenswertes Das japanische Wort Maki bedeutet übersetzt Sushirollen. Dazu wird üblicherweise vor allem Fisch und Gemüse mit einer Unterlage aus Reis in Seetang eingewickelt. Es geht aber auch ohne Reis und Fisch, vor allem, wenn man Sushi als Rohkost genießen möchte.

Rote-Bete-Carpaccio mit Kokosraspel

Mit indischer Würzung

Für 2 Portionen
2 mittelgroße Rote-Bete-Knollen
Saft von ¼ Zitrone
1 Knoblauchzehe · 1 Stange Lauch (nur den weißen Teil)
1 Msp. Garam Masala (siehe Wissenswertes)
1 EL Apfeldicksaft · 1 EL Apfelessig
5 EL Maiskeimöl · Salz · schwarzer Pfeffer
50 g ungesüßte Kokosnussraspel

1 Die Rote-Bete-Knollen putzen, schälen und auf einem Küchenhobel in sehr feine Blättchen schneiden. Auf zwei Tellern flächig auslegen und mit Zitronensaft beträufeln.
2 Den Knoblauch schälen und sehr fein würfeln. Den Lauch der Länge nach halbieren, gründlich waschen und in hauchdünne Streifen schneiden.
3 Lauch und Knoblauch über die Rote-Bete-Blättchen streuen. Aus Garam Masala, Apfeldicksaft, Apfelessig und Maiskeimöl eine Marinade rühren, mit Salz und Pfeffer würzen. Rote Bete mit der Marinade beträufeln und alles mit Kokosraspel bestreuen.

Zubereitungszeit: 25 Minuten

Variante Nach Lust und Laune die Rote Bete würzmäßig in ein anderes Land führen: Zum Beispiel nach Österreich, mit Kürbiskernöl und Kürbiskernen. Oder nach deutscher Art mit frisch geriebenem Meerrettich, Apfelspalten und Sonnenblumenöl. Herzhaft süß nach skandinavischer Art – hierfür eine Marinade aus süßem Senf, Sonnenblumenöl und Apfelessig herstellen.
Wer Milchprodukte mag, kann die griechische Variante mit Vollmilchjogurt, Knoblauch, Dill und schwarzen Oliven genießen.

Wissenswertes Garam Masala ist eine Grundgewürzmischung der indischen Küche. Man bekommt sie in asiatischen und indischen Lebensmittelläden. Garam Masala kann aus verschiedenen Gewürzen bestehen: etwa aus gemahlenen Nelken, Zimt, Kardamom und Muskat, Schwarzkümmelsamen, Koriander- und Pfefferkörnern sowie Senfsamen.

Paprikahälften mit Schwarzwurzel-Füllung

Rot-weisses Geschmackserlebnis

Für 2 Portionen
2 rote Paprikaschoten · 2 kleine Tomaten
½ Bund Schnittlauch · 1 Knoblauchzehe
4 EL Sonnenblumenöl · 1 EL Obstessig
Vollmeersalz · schwarzer Pfeffer
1 Msp. Currypulver · 250 g Schwarzwurzeln

Für die Garnitur:
2 EL gehackte Mandeln

1 Die Paprikaschoten waschen, halbieren und entkernen. Die Tomaten waschen, halbieren, die Stielansätze entfernen und die Tomaten klein würfeln. Schnittlauch waschen, trockenschütteln und in Röllchen schneiden.
2 Die Knoblauchzehe schälen und fein hacken. Zusammen mit dem Sonnenblumenöl und dem Obstessig verrühren. Mit Vollmeersalz, Pfeffer und Curry würzen.
3 Die Schwarzwurzeln unter fließendem kaltem Wasser gründlich bürsten und – am besten mit Gummihandschuhen, damit sich die Hände nicht braun färben – schälen. Anschließend die Wurzeln auf einer Küchenreibe fein raspeln und sofort unter die Salatsauce mischen. Tomatenwürfel und Schnittlauch unterrühren und alles in die Paprikahälften füllen. Je zwei Paprikahälften auf einen Teller setzen und mit Mandeln bestreuen.

Zubereitungszeit: 30 Minuten

Variante Wer nicht nur reine Rohkost mag, kann ein Dressing aus 1 Eigelb, ½ TL Dijon-Senf, 2 EL Olivenöl und 4 EL Joghurt aufschlagen und es mit 1 TL Sahnemeerrettich, Salz, Pfeffer und Currypulver würzen.

Wissenswertes Schwarzwurzeln, auch als Winterspargel bekannt, sind herb-würzig im Geschmack und äußerst eiweißreich. Die innen weißen, außen dunkelbraun bis schwarz gefärbten Stangen werden bis zu 30 cm lang. Ein Zeichen für Frische ist es, wenn beim Anschneiden unmittelbar milchiger Saft austritt.

Spargel-Carpaccio auf Saucenspiegel

Frühlings-Frischer Genuss

Zutaten für 2 Portionen
10 dicke Stangen weißer Spargel
100 g Kichererbsenkeimlinge
1 kleine Avocado
Saft von ½ Zitrone · 4 EL Olivenöl
Vollmeersalz · schwarzer Pfeffer

Für die Garnitur:
5 Stängel Kerbel
2 Msp. abgeriebene Schale von 1 unbehandelten Orange

1 Die Spargelstangen waschen, schälen und schräg in dünne Blättchen schneiden. Die Kichererbsenkeimlinge waschen und gut abtropfen lassen.

2 Die Avocado halbieren, den Kern entfernen, das Fruchtfleisch auslösen und mit Zitronensaft, Olivenöl und den Kichererbsenkeimlingen im Küchenmixer zu einer sämigen Sauce pürieren. Eventuell noch 2 bis 3 EL Wasser untermixen. Mit Vollmeersalz und Pfeffer würzen.

3 Zwei große, flache Teller löffelweise mit der Avocado-Sauce überziehen. Die Spargelblättchen auf dem Saucenspiegel wie ein Carpaccio anrichten. Für die Garnitur den Kerbel waschen, trockenschütteln, die Blättchen von den Stängeln zupfen und grob hacken. Das Spargel-Carpaccio mit der restlichen Sauce beträufeln und mit Kerbel und Orangenschale bestreuen.

Zubereitungszeit: 30 Minuten

Profitipp Sollten Sie eine Aufschnittmaschine besitzen, können Sie die Spargelstangen auch längs in hauchdünne Scheiben schneiden. Oder Sie ziehen von den geschälten Spargelstangen mit einem Sparschäler lange Streifen ab.

Variante Als zusätzliche Farbtupfer eignen sich klein gehackte frische oder getrocknete und in Olivenöl eingelegte Tomaten. Anstatt weißem Spargel mal grünen Spargel verwenden.

Chinakohl-Wrap mit Steinpilzen

Von der Hand in den Mund ...

Für 2 Portionen
250 g kleine feste Steinpilze, ersatzweise Champignons
4 Tomaten · 1 Schalotte
1 EL Olivenöl
Vollmeersalz · grob geschroteter schwarzer Pfeffer
4 Stängel Basilikum
4 Blätter Chinakohl

Ausserdem:
4 Papierservietten

1 Pilze putzen und nach Belieben kleiner schneiden. Tomaten waschen, zwei Tomaten halbieren, entkernen und in Streifen schneiden, die anderen beiden nur grob würfeln.

2 Schalotte schälen, kleiner schneiden und mit den grob gewürfelten Tomaten sowie dem Olivenöl im Küchenmixer pürieren. Mit Vollmeersalz und Pfeffer würzen.

3 Das Basilikum waschen, trockenschütteln, die Blättchen von den Stängeln zupfen und in Streifen schneiden. Die Pilze sowie die Tomatenstreifen mit der Tomatensauce vermengen und die Basilikumstreifen unterziehen.

4 Die Chinakohlblätter waschen, trockentupfen und die dicken Blattrippen herausschneiden. Jedes Blatt flächig mit der Pilzmischung belegen, dabei jeweils einen Rand freilassen. Die Ränder einschlagen und das Blatt aufrollen. Jede Rolle etwa zur Hälfte in eine Serviette einwickeln – und am besten gleich aus der Hand essen.

Zubereitungszeit: 30 Minuten

Variante Statt Chinakohl können Sie auch Eisberg- oder Romana-Salat oder die zarten inneren Blätter vom Wirsing verwenden. Im Frühling können sie die Wraps auch mit Sauerampfer herstellen, dann für die Füllung Champignons verwenden.
Bei der Sauce für die Pilze können sie noch einen Esslöffel Miso untermischen. Es handelt sich hierbei um eine Bohnenpaste, die es in asiatischen Läden gibt.

Rohkosten rund um die Welt

Gemüsespieße mit Papaya
Süss-pikant

Für 2 Portionen

4 Stängel Koriandergrün
1 saftige Papaya · 50 ml Multivitaminsaft
2 Spritzer rote Tabasco-Sauce
grob geschroteter roter Pfeffer
1 kleiner Zucchino · 1 kleine Fenchelknolle
1 Orange · 2 Frühlingszwiebeln

Ausserdem:
Lange Holzspieße oder Cocktailsticker

1 Das Koriandergrün waschen, trockenschütteln, die Blättchen von den Stängeln abzupfen und fein hacken. Papaya schälen, halbieren, entkernen und im Küchenmixer mit Multivitaminsaft und Tabasco pürieren. Mit rotem Pfeffer würzen, Koriandergrün unterrühren und alles in zwei Portionsschalen verteilen.
2 Den Zucchino waschen, von Stiel- und Blütenansatz befreien und in Scheibchen schneiden. Den Fenchel putzen, vierteln und in Blattschichten teilen; eventuell kleiner schneiden.
3 Die Orange schälen, dabei auch die weiße Haut entfernen und die Filets auslösen. Die Frühlingszwiebeln putzen und vierteln.
4 Die vorbereiteten Zutaten abwechselnd auf Spieße oder einzeln auf Cocktailsticker stecken. Entweder die Papayasauce löffelweise über die Gemüsespieße geben oder die Gemüse häppchenweise in die Sauce dippen.

Zubereitungszeit: 30 Minuten

Variante Mit süßer Mango oder einer Mischung aus Mango, Banane und Papaya einen Dip herstellen. Die Gemüsespieße können mit anderen Früchten variiert werden, etwa mit Bananen, Karambole, Erdbeeren, Physalis oder Pfirsichspalten.

Wissenswertes Papain ist ein in der Papaya enthaltenes Enzym, das im Körper fettabbauend wirkt. Reine Rohköstler haben das gar nicht nötig ... Für Mischköstler jedoch ist zwischendurch eine Mahlzeit mit Papaya und Ananas, die denselben Ruf hat, gut zum Entschlacken und Reinigen.

Chicorée-Schiffchen
Nussig-fruchtig beladen

Für 2 Portionen

2 Chicorée (etwa 250 g) · 2 Kästchen Kresse
100 g gemischte, geschälte Nüsse
(Cashews, Erdnüsse, Mandeln, Walnüsse)
2 Mandarinen
1 Nashi-Birne (oder Birne)
Saft von $1/4$ Zitrone
1 EL Apfelessig · 3 EL Walnussöl
Kräutersalz · grob geschroteter schwarzer Pfeffer

Nach Belieben:
Currypulver

1 Chicorée vom Strunk befreien, in die einzelnen Blätter teilen, waschen und auf ein Küchentuch zum Abtropfen legen. Kresse aus den Kästchen schneiden, waschen, trockenschwenken und fein hacken.
2 Die Nüsse in ein Küchentuch wickeln und mit einem Fleischklopfer grob zerkleinern. Die Mandarinen schälen, dabei auch die weiße Haut entfernen und die Filets auslösen.
3 Die Nashi-Birne schälen, halbieren und das Kerngehäuse entfernen. Das Fruchtfleisch klein würfeln und mit dem Zitronensaft beträufeln. Apfelessig mit Walnussöl verrühren und mit der Kresse, den Nüssen, den Mandarinenfilets und der Nashi-Birne vermengen. Alles mit Kräutersalz und Pfeffer würzen.
4 Diese Mischung löffelweise auf den Chicoréeblättern verteilen und die Chicorée-Schiffchen dekorativ auf zwei Tellern anrichten. Nach Belieben mit Currypulver bestäuben.

Zubereitungszeit: 30 Minuten

Variante Wem Chicorée etwas zu bitter ist, der kann auf feste Romana-Salatblätter, auf knackigen Eisbergsalat oder auf entsprechend zurecht geschnittene Chinakohlblätter ausweichen.

Wissenswertes 100 g Chicorée hat nur etwa 17 kcal, einen hohen Anteil an Vitamin A und C und ist reich an Kalium, Calcium und Phosphor. Wer kann da widerstehen?

Pflaumen-Weizen-Taler
LECKERES ROHKOSTBROT AUS DEM ULTNERTAL

FÜR 40–50 TALER
500 g Weizenkörner (siehe Profitipp)
80 g getrocknete Pflaumen
6 EL Weizenkeimöl
80 g Rosinen · 1 TL Korianderkörner
½ TL gemahlener Zimt · 1 TL Vollmeersalz

AUSSERDEM:
ungesüßte Kokosraspel oder Mehl für die Arbeitsfläche

1 Etwa 300 g Weizen fein mahlen und den Rest grob schroten. Die Pflaumen etwas zerkleinern und zusammen mit ¼ l Wasser und Weizenkeimöl im Küchenmixer pürieren und aufmixen.
2 Weizenmehl und geschroteten Weizen mit dem Pflaumenmix sehr gut verkneten. Rosinen sowie Korianderkörner, Zimt und zuletzt das Vollmeersalz gründlich unterkneten.
3 Den Backofen auf 45 °C vorheizen. Teig auf einer mit Kokosnussraspel oder mit Mehl bestreuten Arbeitsfläche etwa ½ cm dick ausrollen.
4 Aus der Teigplatte mit einem kleinen Ring oder einer umgedrehten Espressotasse Taler ausstechen. Die Taler auf einem Backgitter verteilen und im vorgeheizten Backofen etwa 2 Stunden trocknen lassen.

ZUBEREITUNGSZEIT: 40 MINUTEN + TROCKENZEIT: 2 STUNDEN

PROFITIPP Wer keine eigene Weizenmühle hat, kauft gemahlenen und geschroteten Weizen im Bioladen.

VARIANTE Anstelle der Pflaumen andere getrocknete Früchte verwenden.
Zu den Weizentalern schmeckt ein exotischer Fruchtaufstrich lecker: 1 reife, saftige Mango in sehr kleine Würfel schneiden. Saft von 1 Orange und 200 ml Multivitaminsaft mit 2 g Bindobin verrühren. Die Mangowürfel unterziehen, alles in ein Schraubglas füllen, verschließen und in den Kühlschrank stellen. Nach einigen Stunden ist der Fruchtaufstrich streichfähig. Bindobin ist ein rein pflanzliches Gelier- beziehungsweise Bindemittel aus dem Reformhaus. Es lässt sich problemlos kalt anrühren.

Haselnuss-Aufstrich
PASST GUT ZU DEN PFLAUMEN-WEIZEN-TALERN!

FÜR ETWA 200 G
Saft von ½ Mandarine
Saft von ½ Limette
2 EL Haselnusspüree
200 ml Weizenkeimöl

1 Den Mandarinen- und Limettensaft mit dem Haselnusspüree und 50 ml Wasser im Küchenmixer kräftig aufmixen.
2 Langsam das Weizenkeimöl zugießen, so dass die entstehende schaumige Masse das Öl immer wieder aufnehmen kann. Zuletzt langsam weitere 50 ml Wasser zugießen und dabei ständig weiter mixen.
3 Den Mixerinhalt in eine Glas- oder Porzellanschale füllen, mit Folie abdecken und bei Zimmertemperatur etwa 2 Stunden stehen lassen, bis die Masse fest ist.

ZUBEREITUNGSZEIT: 20 MINUTEN + RUHEZEIT: 2 STUNDEN

VARIANTE Anstatt Mandarinen- und Limettensaft kann man auch Orangen- und Zitronensaft oder Multivitaminsaft verwenden.

WISSENSWERTES In Reformhäusern, Bio- und Naturkostläden finden Sie eine üppige Auswahl an vegetarischen und veganen streichfähige Pasten, die ebenfalls zu den Weizentalern passen.

Marinierte Paprikaschoten mit Nussfüllung

LECKERE DINGER

FÜR 2 PORTIONEN

6 kleinere, längliche grüne Paprikaschoten
(in griechischen oder türkischen Läden erhältlich)
½ Bund glatte Petersilie · 2 Knoblauchzehen
½ getrocknete Chilischote · 100 ml Olivenöl
Vollmeersalz · grob geschroteter bunter Pfeffer
300 g gemischte Nüsse
(Pekannüsse, Pinienkerne, Haselnüsse und Walnüsse)
1 EL Edelhefe (Reformhaus)

1 Die Paprikaschoten waschen, einen Deckel abschneiden und das Innere aushöhlen. Die Petersilie waschen, trockenschütteln, die Blättchen von den Stängeln zupfen und fein hacken.
2 Den Knoblauch schälen und fein würfeln. Die Chilischote zerbröseln und zusammen mit dem Knoblauch, der Hälfte der Petersilie sowie dem Olivenöl verrühren. Alles leicht mit Salz und Pfeffer würzen.
4 Die Paprikaschoten mit der Hälfte des aromatisierten Olivenöls begießen und 1 Stunde marinieren.
3 Die Nüsse in ein Küchentuch wickeln und mit dem Fleischklopfer kräftig zerkleinern. Anschließend mit der Edelhefe sowie der restlichen Petersilie in einer Schüssel verkneten. Bei Zimmertemperatur etwa 1 Stunde stehen lassen, bis die Masse etwas fest ist. Anschließend in die Paprikahälften füllen, das restliche Würzöl darüber träufeln und im Kühlschrank noch einmal mindestens 30 Minuten durchziehen lassen.

ZUBEREITUNGSZEIT: 40 MINUTEN + MARINIERZEITEN: 2 ½ STUNDEN

VARIANTE Statt der Paprika können Sie auch ausgehöhlte Tomaten verwenden. Gurken und Zucchini lassen sich ebenfalls füllen, wenn Sie das Gemüse quer in etwa 5 cm Stücke schneiden und diese mit einem Rundausstecher aushöhlen.

WISSENSWERTES Die länglichen grünen Paprikaschoten gibt es in unterschiedlichen Schärfegraden. Beim Gemüsehändler fragen, ob die angebotenen Schoten mild, würzig oder scharf sind.

Leinsamen-Cracker mit Zucchini-Püree

KLEINE NASCHEREI

FÜR 1 BACKBLECH

250 g geschroteter Leinsamen
50 g Sesamkeimlinge
1 EL Tamari-Sojasauce

FÜR DAS ZUCCHINI-PÜREE:

1 Zucchino · 2 EL Haselnussöl
Vollmeersalz · grob geschroteter schwarzer Pfeffer

AUSSERDEM:

Backpapier · etwas Olivenöl

1 Leinsamen in eine Schüssel geben und gerade soviel Wasser angießen, dass die Samen nicht ganz bedeckt sind. Den Leinsamen etwa 8 Stunden quellen lassen, dabei mehrmals umrühren und eventuell etwas Wasser nachgießen.
2 Leinsamen mit Sesamkeimlingen und der Sojasauce im Küchenmixer pürieren. Den Backofen auf 45 °C vorheizen und ein Backblech mit Backpapier auslegen. Dieses hauchdünn mit Olivenöl bepinseln und den Teig darauf streichen.
3 Das Backblech in den vorgeheizten Ofen schieben und den Teig 5 bis 6 Stunden trocknen lassen. Sobald sich die Oberfläche trocken anfühlt, kann man den Teig vom Backpapier abziehen und in kleine Stücke brechen.
4 Den Zucchino waschen, Stiel- und Blütenansatz entfernen und das Gemüse etwas kleiner schneiden. Zusammen mit dem Haselnussöl im Küchenmixer pürieren. Mit Vollmeersalz und Pfeffer würzen. Das Zucchini-Püree als Dip zu den Crackern reichen.

ZUBEREITUNGSZEIT: 30 MINUTEN + QUELLZEIT: 8 STUNDEN + TROCKENZEIT: 5–6 STUNDEN

VARIANTE Der Cracker-Teig lässt sich mit Paprika- oder Tomatenmark, grünem oder rotem Pesto oder getrockneten Kräutern variieren. Je nachdem, wie Sie die Cracker gerne essen möchten, können Sie die Trockenzeit im Backofen variieren. So entstehen softe, mitteltrockene oder harte Cracker. Einfach ausprobieren.

Rote-Bete-Tatar
Schön scharf mit Meerrettich

Für 2 Portionen
2 kleine Rote-Bete-Knollen
1 kleines Stück frische Meerrettichwurzel
1 kleine Banane · Saft von ½ Orange
1 Msp. Lebkuchengewürz
2 EL Olivenöl
Vollmeersalz · grob geschroteter schwarzer Pfeffer

Für die Garnitur:
100 g Sojasprossen
1 kleines Bananenblatt (Asienladen)

1 Die Rote-Bete-Knollen unter fließendem kaltem Wasser abbürsten, schälen und halbieren. Die Hälften in feine Scheiben schneiden und diese fein würfeln. Den Meerrettich schälen und dazuraspeln.
2 Die Banane schälen und mit Orangensaft, Lebkuchengewürz sowie Olivenöl zerdrücken. Nur leicht salzen und pfeffern.
3 Die Sojasprossen waschen und abtropfen lassen. Das Bananenblatt feucht abwischen und halbieren.
4 Auf jeden Teller eine Blatthälfte legen. Rote-Bete-Tatar darauf häufen und mit Vollmeersalz und Pfeffer würzen. Die Bananensauce darüber träufeln und alles mit Sojasprossen bestreuen.

Zubereitungszeit: 30 Minuten

Variante Das Bananenblatt ist einfach ein schöner Blickfang! Sie können das Tatar aber auch solo auf Tellern anrichten. Als hübsche Dekoration können Sie Gurkenstücke aushöhlen und die Bananencreme einfüllen. Die Teller mit Cayennepfeffer oder Paprikapulver bestreuen und mit Kapern garnieren. Auf die Tellerränder Zitronenecken oder Orangenfilets legen.

Wissenswertes Lebkuchengewürz ist eine Mischung aus verschiedenen gemahlenen Gewürzen wie Zimt, Nelken, Kardamom, Piment, Anis, Muskat und Koriander. Viele Gerichte aus Asien oder auch aus Südamerika werden mit diesen Gewürzen erst richtig „peppig-frech".

Getreidezöpfchen mit Kräuteröl
Leckeres zum Knabbern

Für 2 Portionen
100 g geschrotete Gerste · 250 g gemahlener Dinkel
50 ml Olivenöl · 1 TL Brotgewürz · 1 TL Kräutersalz

Für das Kräuteröl:
1 Bund gemischte Kräuter (Schnittlauch, Pimpinelle, Estragon, Petersilie, Basilikum, Oregano)
50 ml Olivenöl · Saft von 1 Zitrone

1 Gerste, Dinkel, 150 ml Wasser, Olivenöl und Gewürze in einer Schüssel gründlich vermischen und alles sehr gut verkneten, damit sich der Kleber des Getreides gut entfalten kann. Den Teig mit den Händen auf einer Arbeitsfläche nochmals durchkneten oder in einer Rührmaschine mit den Knethaken durchwirken.
2 Den Teig 10 Minuten ruhen lassen, anschließend auf einer bemehlten Arbeitsfläche dünn ausrollen. Mit einem Messer oder Teigrädchen etwa 1 cm breite und 8 bis 10 cm lange Streifen ausschneiden. Aus je 2 Teigstreifen Zöpfchen drehen und diese an den Enden zusammendrücken.
3 Den Backofen auf 45 °C vorheizen. Die Teigzöpfchen auf ein Ofengitter legen, damit sie beim Trocknen von allen Seiten Luft bekommen und im Backofen gut 3 Stunden trocknen lassen.
4 Die Kräuter waschen, trockenschwenken, die Blättchen abzupfen und sehr fein hacken. Zusammen mit Olivenöl und Zitronensaft verrühren.
5 Die getrockneten Getreidezöpfchen aus dem Backofen nehmen und mit dem Kräuteröl servieren. Am besten, Sie träufeln das Öl einfach über die Zöpfchen.

Zubereitungszeit: 30 Minuten + Trockenzeit: 3 bis 4 Stunden

Profitipp Die Dauer der Trockenzeit bestimmt die Haltbarkeit: Bei drei Stunden Trockenzeit zwei Tage, bei mehr als vier Stunden beträgt die Haltbarkeit bis zu fünf Tage.

Süße Rohkost-Leckereien und Desserts

Sanddorn-Kürbis
FÜR SCHLECKERMÄULER

FÜR 2 PORTIONEN
50 g Rosinen
150 ml Multivitaminsaft
250 g Kürbisfruchtfleisch (etwa Hokkaido), ohne Schale
1 Orange
1 Banane
5 EL Sanddornsaft
1 EL Akazienhonig
1 Prise gemahlener Ingwer
1 Prise gemahlener Zimt

FÜR DIE GARNITUR:
50 g Mandelspäne

1 Die Rosinen mit Multivitaminsaft übergießen. Kürbisfruchtfleisch von den Kernen befreien und in Stückchen schneiden.
2 Die Orange schälen, dabei auch die weiße Haut mit entfernen und die Filets auslösen. Die Banane schälen und quer in Scheibchen schneiden.
3 Alle vorbereiteten Zutaten in einer Schüssel vermengen. Den Sanddornsaft mit Akazienhonig, Ingwer und Zimt verrühren. Den Saft unter den Schüsselinhalt mischen und alles in Portionsschalen verteilen. Mit Mandelspänen garnieren.

ZUBEREITUNGSZEIT: 20 MINUTEN

VARIANTE Dieser Kürbis-Mix hat natürlich alle Optionen für Varianten offen: Er schmeckt mit Früchten der Saison von Beeren bis Äpfeln, mit Nüssen von Macadamia bis Walnuss und beim Süßen können Sie wählen aus einer Palette von unterschiedlichen Honigsorten bis hin zu Ahornsirup.

WISSENSWERTES Der herb-frisch schmeckende Sanddorn, auch als Sand- oder Fasanbeere bekannt, schmeckt am besten, wenn die Beeren vollreif sind. Speziell im hohen Norden, an Meeresküsten aber auch an Gebirgsflüssen, gedeiht Sanddorn. Die Beeren enthalten reichlich Vitamin C und werden sowohl in der süßen als auch in der pikanten Küche verwendet.

Nussige Weizenplätzchen
RICHTIGE LECKERBISSEN

FÜR ETWA 40 PLÄTZCHEN
100 g Weizen
100 g Roggen
100 g geraspelte Mandeln
100 g ungesüßte Kokosnussflocken
4 EL Honig · 1 EL Carob-Pulver
1 Msp. gemahlener Zimt
Mark von ½ Bourbonvanillestange
150 ml naturreiner Birnensaft

FÜR DIE ARBEITSFLÄCHE:
etwas frisch gemahlener Weizen oder gemahlene Mandeln

1 Weizen und Roggen in der Kornmühle fein mahlen und mit den Mandeln sowie den Kokosnussflocken vermischen.
2 Honig, Carob-Pulver, Zimt und Vanillemark zufügen, den Birnensaft zugießen und alles zu einen Teig verkneten.
3 Den Backofen auf 45 °C vorheizen. Den kompakten Teig auf einer bemehlten Arbeitsfläche ausrollen und mit beliebigen Formen Plätzchen ausstechen. Diese auf ein Backgitter legen und im Backofen etwa 3 Stunden trocknen lassen.

ZUBEREITUNGSZEIT: 30 MINUTEN + TROCKENZEIT: ETWA 3 STUNDEN

VARIANTE Wer nicht nur reine Rohkost mag, kann die Plätzchen mit Schokoladenglasur überziehen und mit Nüssen oder Schokobohnen belegen.

WISSENSWERTES Johannisbrotkernmehl wird im Reformhaus unter dem Namen Carob verkauft. Es ist ein hellbraunes Pulver, das aus den Schoten des Johannisbrotbaumes gewonnen wird, der vornehmlich im Mittelmeerraum beheimatet ist. Carob enthält über 50 % fruchteigenen Zucker und ist daher für gesundheitsbewusste Genießer ein wunderbarer Ersatz für Schokolade.

Carob-Creme

PASST GUT ZU DEN WEIZENPLÄTZCHEN

FÜR 1 SCHRAUBGLAS VON 250 ML

100 g weißes Mandelmus (Reformhaus)
100 g Akazienhonig
2 EL Sonnenblumenöl
1 EL Carob-Pulver

1 Sämtliche Zutaten der Reihe nach in den Küchenmixer geben und solange aufmixen, bis eine cremige homogene Masse entstanden ist.
2 Die Carob-Creme in ein sauberes Schraubglas füllen, luftdicht verschließen und in den Kühlschrank stellen. Innerhalb von 8 bis 10 Tagen aufbrauchen.

ZUBEREITUNGSZEIT: 10 MINUTEN

PROFITIPP Wer sich streng nach Rohkostregeln ernährt, wird sich sicherlich ab und an einen Löffel Carob-Creme genüsslich auf der Zunge zergehen lassen oder sie auf die nussigen Weizenplätzchen streichen.
Die Mischkost-Fraktion kann sich dieses geschmeidige, süße Mus auch auf einer Scheibe Brot, einem Keks oder Knäckebrot schmecken lassen.

WISSENSWERTES Der Ausspruch „Etwas Süßes braucht der Mensch" oder „Schokolade macht glücklich" verweist auf die Tatsache, dass der Mensch ab und an Lust auf Süßes verspürt. In Schokolade bewirken die darin enthaltenen Endorphine ein Wohlgefühl und sorgen für Entspannung und gute Laune. Bei Mandelmus und Akazienhonig besorgt das ganz alleine die Natursüße. Geben wir uns also unbesorgt den süßen Naschereien in der Rohkostküche hin!

Mandelplätzchen

... NICHT NUR ZU WEIHNACHTEN GUT

FÜR ETWA 40 PLÄTZCHEN

300 g fein gemahlene Mandeln
100 g grob gemahlene Mandeln
100 g Mandelblättchen
1 EL Carob-Pulver · Saft von 1 Orange · 3 EL Honig

AUSSERDEM: Backpapier

1 Alle Zutaten zu einer homogenen Masse verkneten und mit angefeuchteten Händen kleine Kugeln daraus formen. Die Kugeln etwas flach drücken und auf ein mit Backpapier ausgelegtes Backblech legen.
2 Den Backofen auf 45 °C vorheizen. Das Backblech in den Ofen schieben und die Plätzchen gut 3 Stunden trocknen lassen.

ZUBEREITUNGSZEIT: 20 MINUTEN + TROCKENZEIT: ETWA 3 STUNDEN

Beeriger Honig

FÜR SÜSSSCHNÄBEL

FÜR 1 SCHRAUBGLAS VON 200 ML

100 g gemischte Beeren
(Johannisbeeren, Himbeeren, Heidelbeeren)
100 g Akazienhonig

1 Die Beeren verlesen, waschen und trockentupfen. Zusammen mit dem Honig im Küchenmixer pürieren.
2 Den Aufstrich in ein sauberes Schraubglas füllen, luftdicht verschließen und in den Kühlschrank stellen. Den Beeren-Honig innerhalb von 8 bis 10 Tagen verbrauchen.

ZUBEREITUNGSZEIT: 10 MINUTEN

VARIANTE Mischen Sie einen Teelöffel gehackter Zitronenmelisse unter den Beeren-Honig. Anstatt Akazienhonig kann man zur Abwechslung auch mal Lindenblütenhonig oder Tannenhonig verwenden.

SÜSSE ROHKOST-LECKEREIEN UND DESSERTS

Mandel-Bananen mit Grenadilla-Sauce

MACHT NASCHKATZEN GLÜCKLICH

FÜR 2 PORTIONEN
4 Grenadillas · 2 EL Honig · Saft von ½ Zitrone
1 Hauch Cayennepfeffer
6 Babybananen · ½ süße Orange · 100 g Mandelsplitter

NACH BELIEBEN:
1 Hauch gemahlener Zimt

AUSSERDEM:
6 Holzspieße

1 Die Grenadillas halbieren, das Fruchtfleisch mit einem Löffel auslösen und durch ein Haarsieb passieren. Das Fruchtpüree mit 1 EL Honig sowie Zitronensaft verrühren. Mit Cayennepfeffer leicht würzen.
2 Die Bananen schälen und jede mit einem Holzspieß längs aufspießen. Die Orange auspressen, den Saft durch ein Haarsieb passieren, mit dem restlichen Honig verrühren und die Bananen damit beträufeln.
3 Die Orangen-Bananen in den Mandelsplittern wenden und nach Belieben mit Zimt bestäuben. Je drei Bananen auf einem Teller anrichten und dazu jeweils ein Schälchen mit Grenadilla-Sauce servieren.

ZUBEREITUNGSZEIT: 30 MINUTEN

VARIANTE Statt der Grenadillas, die zu den Passionsfrüchten zählen, Kiwi, Papaya oder Mango für die Sauce verwenden.
Wer nicht ausschließlich Rohkost mag, dem schmeckt zu den Mandel-Bananen auch ein Dip aus 150 g Joghurt, 1 EL Vanillezucker, ½ TL gemahlenem Zimt, 50 g Cornflakes und gehackten Nüssen nach Wahl.

WISSENSWERTES Babybananen, auch Fingerbananen genannt, sind eine spezielle Züchtung mit besonders intensivem Geschmack. Sie schmecken pur köstlich, aber auch mit anderen exotischen Früchten gemischt im Salat.

Apfelspalten mit Bananencreme

BITTE ZUGREIFEN!

FÜR 2 PORTIONEN
2 Bananen · 1 TL Zitronensaft
1 TL Honig
50 g fein gehackte Haselnüsse
1 großer Apfel

FÜR DIE GARNITUR:
etwa 10 Minzeblättchen
Honig zum Eintauchen

1 Die Bananen schälen und mit Zitronensaft und Honig im Küchenmixer cremig pürieren. Die Haselnüsse unterrühren.
2 Den Apfel waschen, abtrocknen, halbieren und das Kerngehäuse entfernen. Die Hälften in handliche Spalten schneiden und mit Bananencreme bestreichen.
3 Die Minzeblättchen waschen, trockentupfen und in Honig tauchen. Je ein Honigblatt auf die Apfelspalten legen.

ZUBEREITUNGSZEIT: 15 MINUTEN

PROFITIPP Machen Sie in Ihrer Rohkost-Runde zum Spaß einen Apfeltest: Sie werden sich wundern, welche geschmacklichen Unterschiede zum Vorschein kommen! Dazu einfach verschiedene Apfelsorten kaufen – was Ihr Obsthändler oder Supermarkt gerade zu bieten hat. Es gibt fast immer zwischen fünf und acht Sorten zur Wahl. Beim Test schneiden Sie einen Apfel von jeder Sorte in Spalten und verdecken von derselben Sorte einen ganzen Apfel, den sie mit auf den Teller legen. Sie werden staunen, wie selten es ist, dass jemand nach dem Genuss einer Apfelspalte erkennt, um welche Sorte es sich handelt.

WISSENSWERTES Äpfel haben unterschiedliche Werte, was Kalorien-, Vitamin- und Mineraliengehalt angeht. Die Angaben in Kalorientabellen sind daher nur Durchschnittswerte. 100 g Apfel bestehen zu 85 % aus Wasser, enthalten 12 g Kohlenhydrate, 2,5 g Ballaststoffe, 0,22 g Mineralstoffe sowie 0,28 g Eiweiß. Äpfel, die sehr saftig sind, haben einen höheren Wasseranteil.

Ingwer-Melonenkugeln
PIKANT-SÜSSE MISCHUNG

FÜR 2 PORTIONEN
1 kleine Charentais-Melone (oder andere Melone Ihrer Wahl)
2 cm frische Ingwerwurzel
1 TL Akazienhonig

1 Die Melone halbieren, Kerne herauslösen und den Melonensaft in eine Schüssel gießen. Das Fruchtfleisch mit einem Kugelausstecher auslösen. Restliches Fruchtfleisch etwas auspressen und den Saft in die Schüssel gießen.
2 Den Ingwer schälen und sehr fein würfeln. Zusammen mit dem Akazienhonig und dem Melonensaft verrühren. Die Melonenkugeln darin schwenken und auf zwei Teller verteilen.

ZUBEREITUNGSZEIT: 10 MINUTEN

PROFITIPP Wählen Sie die Melone sorgfältig aus! Klopfen und riechen Sie an den Vitaminbomben und treffen Sie dann Ihre Kaufentscheidung. Ob das nun eine Netzmelone, eine Honigmelone oder sogar eine Wassermelone ist – Hauptsache, sie ist reif, schmeckt und ist von betörender Frische.

WISSENSWERTES Wer etwa an Schlafstörungen, Nervenschwäche, Schweratmigkeit, Verstopfung, Müdigkeit, Konzentrationsstörungen und Verstimmungen leidet, der braucht nicht in die Apotheke zu gehen, sondern nur seinen Vitamin B1- beziehungsweise Thiamin-Mangel zu beseitigen. Da helfen zum Beispiel die Ingwer-Melonenkugeln sowie viel Rohkost mit einem Schuss gutem Öl oder auch frisch gemahlenes Vollkorn in Kombination mit Obst.
Honig ist ein schneller Muntermacher zwischen den Mahlzeiten: Einen Löffel Honig langsam im Mund hin- und herbewegen und ein wohliges Gefühl geht durch den Körper.

Sweetie-Blutorangen-Salat
ERFRISCHEND LECKER

FÜR 2 PORTIONEN
2 Sweeties
1 Blutorange
1 Msp. Mark von einer Bourbonvanillestange

FÜR DIE GARNITUR:
etwa 10 Minzeblättchen
2 EL Pistazien

1 Die Sweeties sowie die Blutorange schälen, dabei auch die weiße Haut entfernen und die Filets auslösen.
2 Die Fruchtfilets mit Vanillemark vermengen und auf zwei Tellern anrichten. Minzeblättchen waschen und in Streifen schneiden. Früchte mit Minzestreifen und Pistazien garnieren.

ZUBEREITUNGSZEIT: 10 MINUTEN

VARIANTE Die Zitrusfilets mit Vanillezucker bestreuen und kurz ziehen lassen.
Wenn Sie Alkohol mögen: Mit einem Schuss Campari wird der Sweetie-Salat ein besonderes Dessert.

WISSENSWERTES Kreuzt man eine Grapefruit und eine Pomelo, dann kommt eine Sweetie heraus. Diese gelungene Zusammenführung ist für alle gedacht, denen die Grapefruit zu sauer ist. Die Sweetie, der Name sagt es schon, schmeckt süß und saftig. Erkennungszeichen ist die dicke grünliche Schale.

Kunterbunter Früchteteller

Lust auf Exoten?

Für 2 Portionen

1 Mango
4 Kumquats
4 Physalis
1 Karambole
2 Babybananen (Zwerg- oder Fingerbananen)
2 Datteln

Nach Belieben:

100 g gemischte Nüsse oder Studentenfutter

Für die Garnitur:

Honig

1 Die Mango waschen, trocknen und längs so knapp am Stein entlangschneiden, dass zwei große Fruchthälften in der Schale entstehen. Diese mit einem Messer kreuzweise einschneiden und mit der Haut so nach außen wölben, dass man die einzelnen Fruchtquader einfach abbeißen kann.
2 Die Kumquats halbieren und die Physalis aus den Hüllen nehmen. Die Karambole in Scheiben schneiden. Die Bananen schälen und jeweils quer halbieren. Die Datteln entkernen.
3 Alle Früchte auf einem großen Teller anrichten und mit Nüssen garnieren. Als Garnitur lange Honigfäden über die verschiedenen Früchte träufeln.

Zubereitungszeit: 20 Minuten

Profitipp Die fruchtige Exotenpalette ist beliebig zu ergänzen. Probieren Sie ruhig alles aus, was Sie bisher noch nicht kannten, und richten es auf dem Teller hübsch an.
Etwas ganz besonderes wäre zum Beispiel die Curuba aus den kolumbianischen Anden. Sie wird auf über 1.200 bis 2.600 m Höhe angebaut. Die längliche, ovale Frucht wird halbiert und das geleeartige Fruchtfleisch mit seinem leicht apfelähnlichen Geschmack einfach herausgelöffelt.

Apfel-Carpaccio mit Rosinen

Wunderbare Dessertidee

Für 2 Portionen

100 g Rosinen
50 ml Apfelsaft
2 große Äpfel (Sorte Ihrer Wahl)
50 g Mandelblättchen
4 Stängel Zitronenmelisse

Nach Belieben:

Honig

1 Die Rosinen mit dem Apfelsaft beträufeln. Die Äpfel waschen, abtrocknen und das Kerngehäuse jeweils mit einem Rundausstecher entfernen. Die Äpfel auf einem Küchenhobel feinblättrig schneiden.
2 Die Apfelscheiben auf zwei großen Tellern flächig verteilen. Löffelweise mit befeuchteten Rosinen überziehen und mit Mandelblättchen bestreuen. Die Zitronenmelisse waschen, trockenschwenken, die Blättchen von den Stängeln zupfen, in Streifen schneiden und üppig darüber streuen. Nach Belieben das Apfel-Carpaccio mit Honigfäden überziehen.

Zubereitungszeit: 15 Minuten

Variante Statt der Äpfel können Sie auch Birnen oder Nashi-Birnen verwenden und die Fruchtscheiben nach Belieben mit gehackten Walnüssen, Cashews, Pinienkernen oder Macadamianüssen bestreuen. Die Zitronenmelisse lässt sich auch gegen Koriandergrün, Minze oder glatte Petersilie austauschen.

Wissenswertes Empfehlenswert für das Carpaccio wäre zum Beispiel die Apfelsorte Braeburn, die sehr festes, saftiges und süßliches Fruchtfleisch hat. Oder der Herbstapfel Berlepsch mit saftig-säuerlichem Fruchtfleisch. Auch die Rubinette, eine Kreuzung aus Golden Delicious und Cox Orange, hat ein knackiges, saftig-süßes Fruchtfleisch und wäre ideal für dieses Rezept.

Süße Rohkost-Leckereien und Desserts

Süß-scharfe Nusspaste auf Mangotalern

Ungewöhnliches Dessert

Für 2 Portionen
¼ getrocknete Chilischote
1 Knoblauchzehe
2 Frühlingszwiebeln
1 kleiner Apfel (z. B. Elstar)
50 g gemischte, zerkleinerte Nüsse
(Cashews, Pinienkerne, Walnüsse)
1 TL Honig
Saft von ½ Zitrone
8 EL Olivenöl
Vollmeersalz
grob geschroteter roter Pfeffer
1 reife, große Mango

Für die Garnitur:
gemahlener Zimt, vermischt mit Currypulver

1 Die Chilischote grob zerreiben. Den Knoblauch schälen. Die Frühlingszwiebeln putzen und halbieren. Den Apfel waschen, abtrocknen und das Kerngehäuse entfernen.
2 Die vorbereiteten Zutaten mit den Nüssen, dem Honig, dem Zitronensaft und dem Olivenöl im Mixer pürieren. Anschließend vorsichtig mit Salz und Pfeffer würzen.
3 Die Mango schälen und das Fruchtfleisch in Scheiben vom Stein abschneiden. Aus den Fruchtscheiben mit Hilfe eines kleinen runden Ausstechers Taler ausstechen.
4 Die Mangotaler mit der Nusspaste bestreichen und mit einer Mischung aus Zimt- und Currypulver ganz leicht bestäuben.

Zubereitungszeit: 30 Minuten

Fruchtiger Nusskuchen

Gehaltvolle Näscherei

Für 2 Portionen
100 g gemahlene Mandeln
50 g ungesüßte Kokosraspel
50 g gemahlene Walnusskerne
100 g Rosinen
Saft von 1 Orange
etwas abgeriebene Schale von ½ Zitrone
2 EL Honig

1 Alle Zutaten in einer Schüssel vermengen und mit den Händen zu einem kompakten Teig verkneten.
2 Zwei Portionsschalen mit kaltem Wasser ausspülen und mit soviel Klarsichtfolie auskleiden, dass noch genügend Folie zum Abdecken überhängt.
3 Den Früchte-Nuss-Teig in die Formen füllen, fest einpressen und die Oberflächen glatt streichen. Mit der überhängenden Folie bedecken und den Teig für 4 bis 5 Stunden an einem kühlen Ort ruhen lassen.
4 Den Inhalt der Portionsschalen auf Teller stürzen und die Nusskuchen in dicke Scheiben schneiden.

Zubereitungszeit: 15 Minuten + Kühlzeit: 4–5 Stunden

Variante Sie können die Zutaten für dieses Rezept verdoppeln oder verdreifachen und den Teig in eine mit Klarsichtfolie ausgelegte Kastenform füllen. Nach der Kühlzeit stürzen und den fruchtigen Nusskuchen in Scheiben schneiden.
Richten Sie die Kuchenstücke zur Abwechslung mal mit Scheiben von frischer Ananas oder Kiwi an.
Zu dem Kuchen passt außerdem das Pfirsichkompott mit Pflaumen, siehe Seite 121.

Bananen-Apfelmus mit Mango

DAS SCHMECKT ALLEN

FÜR 2 PORTIONEN
2 große Äpfel
1 reife Banane
Saft von 1/2 Zitrone
1 Gewürznelke
1 TL Mandelmus (Reformhaus)
etwas gemahlener Zimt
1 reife Mango
2 EL ungesüßte Kokosnussraspel

1 Äpfel waschen, abtrocknen und vom Kerngehäuse befreien. Die Banane schälen und kleiner schneiden. Äpfel und Banane mit Zitronensaft, Gewürznelke, Mandelmus und Zimt im Küchenmixer pürieren. Das Mus in zwei Portionsschalen füllen.
2 Die Mango schälen, das Fruchtfleisch vom Stein lösen und klein würfeln. Mangowürfel auf dem Mus in den Portionsschalen verteilen und alles dick mit Kokosraspel bestreuen.

ZUBEREITUNGSZEIT: 20 MINUTEN

VARIANTE Das Mus nach Gusto zusätzlich mit einer Prise Safranpulver oder etwas ausgeschabtem Vanillemark würzen. Das Mus entweder grob oder sehr fein pürieren und mit frisch geschnittenen Minzestreifen würzen.

WISSENSWERTES Der erste Biss in den Apfel verwehrte uns zwar den Zugang ins Paradies, aber dieser Bissen muss nach unserem heutigen Geschmack nicht unbedingt gut geschmeckt haben. Es wird ein Wildapfel gewesen sein, ein Vorfahre unserer heute angebauten Äpfel. Der uns bekannte und geschätzte Geschmack kam sicher erst mit der Kultivierung der Äpfel.

Rhabarber mit Banane

SÜSS-SAURE LECKEREI

FÜR 2 PORTIONEN
250 g Rhabarber
1 große, reife Banane
Saft von 1/2 Zitrone
2 EL Honig
1 Msp. Delifrut (siehe Profitipp)

1 Rhabarber putzen, vorhandene Fäden abziehen und die Stangen waschen. Anschließend den Rhabarber quer in sehr dünne Scheiben schneiden und in zwei Portionsschalen verteilen.
2 Die Banane schälen und mit einer Gabel zerdrücken. Zitronensaft, Honig und Delifrut unterrühren. Den Rhabarber damit löffelweise überziehen und etwa 30 Minuten durchziehen lassen.

ZUBEREITUNGSZEIT: 20 MINUTEN + MARINIERTZEIT: 30 MINUTEN

PROFITIPP Delifrut ist eine sehr feine Gewürzmischung für süßes Würzen, die im Reformhaus erhältlich ist. Ein ähnliches Produkt bekommen Sie unter anderem Namen vermutlich auch von anderen Herstellern.

VARIANTE Rhabarber verträgt sich auch gut mit Ingwer, Orangen und Himbeeren.

WISSENSWERTES Wenn Rhabarber in Verbindung mit Milchprodukten verwendet wird, bildet sich Kalziumoxalat, das an den Zähnen haften bleibt und zu einem stumpfen Gefühl führt.

Kokosplätzchen mit Beeren-Marmelade

FRUCHTIG-NUSSIGE LECKERBISSEN

FÜR 2 PORTIONEN

300 g gemischte Beeren (Himbeeren, Johannisbeeren, Brombeeren)
100 g Honig · 4 g Bindobin (siehe Profitipp Seite 84, 106)

FÜR DIE PLÄTZCHEN:
100 g getrocknete Apfelringe (siehe Profitipp)
100 g entkernte Datteln
geriebene Schale und Saft von 1/2 unbehandelten Zitrone
200 g ungesüßte Kokosnussraspel
1 Msp. gemahlener Zimt · 1 Prise gemahlener Sternanis

1 Für die Marmelade die Beeren verlesen und waschen. Mit dem Honig und dem Bindobin in einem Topf vermischen. Unter ständigem Rühren leicht erwärmen, aber nicht über 40 °C. Die Beeren-Marmelade insgesamt 5 bis 8 Minuten rühren.
2 Den Topf vom Herd ziehen und die Mischung etwas abkühlen lassen. Einen Teil davon in ein sauberes Schraubglas füllen, luftdicht verschließen und in den Kühlschrank stellen, dort hält sich die Beeren-Marmelade einige Tage.
3 Apfelringe, Datteln, Zitronenschale und -saft im Küchenmixer pürieren. Anschließend mit Kokosnussraspel, Zimt und Sternanis zu einem Teig verkneten. Diesen zu einer Rolle formen und kleine Scheiben abschneiden. Auf jedes Plätzchen einen Klecks Beeren-Marmelade geben und genießen.

ZUBEREITUNGSZEIT: 40 MINUTEN

PROFITIPP Apfelringe trocknen ist einfach: Backofen auf 45 °C vorheizen. 1/2 kg Äpfel schälen, das Kerngehäuse ausstechen und die Früchte in dünne Scheiben schneiden. Mit etwas Zitronensaft beträufeln und kurz einziehen lassen. Anschließend die Apfelringe auf einem Backblech nebeneinander ausbreiten und im Ofen gut 2 Stunden trocknen. Die Apfelringe sind fertig, wenn beim Durchbrechen kein Saft mehr austritt. Die getrockneten Apfelringe vor der Verwendung 1 bis 2 Stunden bei Zimmertemperatur auf einem Backgitter „auslüften" lassen. Verpackt in eine Plastiktüte, halten sie im Kühlschrank einige Tage.

Pfirsichkompott mit Pflaumen

ERFRISCHEND GUT

FÜR 2 PORTIONEN

2 reife, saftige, große Pfirsiche
Saft von 1/2 Zitrone
1 Msp. Delifrut (siehe Profitipp Seite 120)
6 saftige Pflaumen

1 Die Pfirsiche waschen und mit einem Sparschäler dünn schälen. Die Früchte halbieren, das Fruchtfleisch von den Steinen lösen und in kleine Stücke schneiden.
2 Den Zitronensaft gründlich mit Delifrut verrühren und mit den Pfirsichstücken vermengen. Die Pflaumen waschen, entsteinen und in Streifen schneiden. Alles vermischen und in zwei Portionsschalen verteilen.

ZUBEREITUNGSZEIT: 20 MINUTEN

WISSENSWERTES Im lateinischen heißt der Pfirsich „persischer Apfel", was auch auf seine ursprüngliche Herkunft hinweist. Die Früchte unterscheiden sich in Größe, Farbe und Geschmack. Es gibt weiß-, gelb- und rotfleischige Pfirsiche.
Aus den getrockneten, gemahlenen Pfirsichkernen wird, ebenso wie aus Aprikosenkernen, Persipan als sogenannter Marzipanersatz hergestellt.

Dattelkugeln mit Haselnüssen

LECKERE PRALINCHEN

FÜR 2 PORTIONEN
200 g Datteln
Saft von 1 Mandarine
100 g gemahlene Haselnüsse

ZUM WÄLZEN:
etwa 50 g gehackte Haselnusskerne

1 Die Datteln entkernen und mit dem Mandarinensaft im Küchenmixer pürieren. Nach und nach die gemahlenen Haselnüsse unterkneten, so dass ein kompakter Teig entsteht.
2 Den Datelteig mit befeuchteten Händen zu Kugeln oder Bällchen formen und diese in den gehackten Haselnüssen wenden.

ZUBEREITUNGSZEIT: 30 MINUTEN

WISSENSWERTES Nur die weibliche Dattelpalme liefert die köstlichen Beerenfrüchte – und dies dauert, ausgehend von der Pflanzung der Bäume, acht bis zehn Jahre. Doch erst im 30. Erntejahr spricht man von den besten Datteln, die auf einer Palme gereift sind. Es gibt weltweit über 400 verschiede Sorten, von denen ein Großteil getrocknet wird, ein Teil frisch verkauft und der Rest zu Saft gepresst oder zu Dattelwein verarbeitet wird. Datteln enthalten viel Trauben- und Fruchtzucker. Je höher der Zuckergehalt, umso länger sind sie in getrocknetem Zustand haltbar.
Mandarinen sind die kleinen Schwestern der Orangen. Ihre Saison beschränkt sich auf die Wintermonate. Unterarten der Mandarinen sind die grünlichen, kernlosen Satsumas und Tangerinen. Aus erfolgreichen Kreuzungen gingen verschiedene Hybridformen wie kernlose Clementinen oder saftreiche Ellendalen hervor.

Fruchttörtchen

ZU JEDER JAHRESZEIT EIN GENUSS

FÜR 4 TÖRTCHEN
125 g getrocknete Datteln
100 g gemahlene Mandeln
1 EL Tahini
3 EL Honig
nach Belieben etwas Fruchtsaft

FÜR DEN BELAG:
1 große Banane
1 TL Zitronensaft
2–3 Kiwis

AUSSERDEM:
etwas Honig zum Beträufeln

1 Die Datteln in Stückchen schneiden und im Küchenmixer so fein wie möglich zerkleinern. Die gemahlenen Mandeln, Tahini sowie Honig untermischen und alles zu einem kompakten Teig verkneten. Falls er zu fest wird, noch etwas Fruchtsaft zugießen.
2 Den Teig in 4 Portionsschälchen drücken und etwa 15 Minuten ruhen lassen.
3 Inzwischen die Banane schälen, in Scheiben schneiden und mit dem Zitronensaft beträufeln. Die Kiwis schälen und ebenfalls in Scheiben schneiden, diese nochmals halbieren.
4 Die Dattel-Mandel-Törtchen abwechselnd dachziegelartig mit Bananen- und Kiwischeiben belegen. Zum Schluss mit etwas Honig beträufeln.

ZUBEREITUNGSZEIT: 15 MINUTEN + RUHEZEIT: 15 MINUTEN

VARIANTE Die Früchte können je nach Jahreszeit variieren: So schmecken die Törtchen im Frühjahr mit frischen Erdbeeren, im Sommer passen Pfirsiche und Himbeeren, im Herbst können Sie Zwetschgen und halbierte Weintrauben verwenden.
Sie können die Früchte auch fein raspeln, statt sie in Scheiben auf den Teig zu legen.
Statt der getrockneten Datteln können Sie ebenso getrocknete Aprikosen für den Teig verwenden. Zusätzlich zum Honig können die Früchte mit etwas gemahlenem Zimt bestreut werden.

Fruchtige Nusspralinen
Kleine Nascherei für Zwischendurch

Für etwa 15 Pralinen

40 g Sesamsamen
75 g Sonnenblumenkerne
100 g gemischte Nüsse
(Paranüsse, Mandeln und Walnüsse)
125 g gemischte Trockenfrüchte
(Aprikosen, Feigen, Rosinen und Apfelringe)
1 ½ EL ungesüßte Kokosnussraspel
1 EL Honig
1 EL Traubensaft

Ausserdem:

gehackte Walnusskerne zum Wälzen

1 Die Sesamsamen zusammen mit den Sonnenblumenkernen und Nüssen sehr fein mahlen. Trockenfrüchte klein schneiden, in der Küchenmaschine fein zerkleinern und mit den gemahlenen Nüssen vermischen.
2 Kokosnussraspel mit Honig und Traubensaft untermischen und alles zu einem festen Teig verkneten.
3 Aus dem Teig kleine Kugeln formen und diese in gehackten Walnüssen wälzen.

Zubereitungszeit: 30 Minuten

Profitipp Diese leckeren Pralinen sind reich an Nährstoffen und daher gut als Zwischenmahlzeit geeignet. Darüberhinaus stillen sie den Heißhunger auf Süßes und sind gerade für Kinder ein idealer Ersatz für Riegel und Bonbons. Im Kühlschrank halten sich die Pralinen etwa eine Woche.

Variante Die Pralinen können auf vielfältige Weise mit Gewürzen variiert werden. So passt zum Beispiel Ingwer oder – anstelle des Fruchtsaftes – Orangenblütenwasser gut in den Teig. Wenn Sie mögen, können Sie einen Teil der Trockenfrüchte auch durch frisches Obst, etwa zerdrückte Banane oder fein geraspelte Ananas ersetzen. Dann jedoch den Saft weglassen und die Pralinen innerhalb von 2 Tagen verzehren.

Orangenscheiben mit Feigencreme
Weihnachtlicher Genuss

Für 2 Portionen

100 g getrocknete Feigen
1 TL Mandelmus (Reformhaus)
1 Msp. gemahlener Zimt
1 süße, saftige Orange

Für die Garnitur:

12 bis 16 Walnusshälften

1 Die Feigen für etwa 8 Stunden in Wasser einweichen. Anschließend die Feigen mitsamt dem Einweichwasser und dem Mandelmus im Mixer cremig pürieren, mit Zimt würzen.
2 Die Orange schälen, dabei auch die weiße Haut entfernen. Die Frucht in Scheiben schneiden und diese halbieren.
3 Jede halbierte Orangenscheibe mit Feigencreme bestreichen und mit Walnusshälften belegen.

Zubereitungszeit: 15 Minuten + Einweichzeit: etwa 8 Stunden

Variante Die Palette der Trockenfrüchte ist vielfältig: Sie können auch getrocknete Datteln, Aprikosen oder gemischte Trockenfrüchte für das Mus verwenden. Statt Zimt mal mit Sternanis oder Vanille würzen.

Wissenswertes Die verschiedensten Sorten Feigen zeigen sich in grün, gelb, rosa, rot, violett, purpur, braun und schwarz. Getrocknete Feigen sind im Gegensatz zu frischen das ganze Jahr über zu bekommen.
Für alle, die nicht nur Rohkost mögen: Im frischen Zustand sind Feigen perfekte Begleiter zu Käse, Schinken, schmecken aber auch zu Eis und als Beigabe im Cocktail.
In Portugal wird aus Feigen ein Tresterbranntwein (aquardente de figo) hergestellt.

Nusskäse mit Bärlauchöl

Dessert muss nicht immer süss sein ...

Für 4 Portionen
200 g gemischte gemahlene Nüsse
(Paranüsse, Erdnüsse, Walnüsse oder Haselnüsse)
1 Msp Knoblauchsalz · Salz
1 Msp. grob gemahlener bunter Pfeffer
4 EL Edelhefe (Reformhaus)

Zum Servieren:
1 kleines Bund Bärlauch
1 EL Walnussöl

Ausserdem:
Klarsichtfolie

1 Gemahlene Nüsse, Knoblauchsalz, Salz, Pfeffer und Edelhefe in einer Schüssel vermischen, 100 ml Wasser zufügen und alles zu einem festen Teig verkneten.
2 Eine kleine Kastenform oder eine passende Schüssel mit Klarsichtfolie auskleiden, den Teig fest hineinpressen und bei Zimmertemperatur 1 1/2 bis 2 Stunden ruhen lassen.
3 Den Käse aus der Form stürzen und in Scheiben schneiden.
4 Den Bärlauch waschen, mit Küchenpapier abtrocknen und die Blättchen fein hacken. Mit dem Walnussöl verrühren.
5 Das Bärlauchöl entweder über die Scheiben träufeln oder separat dazu servieren.

Zubereitungszeit: 15 Minuten + **Ruhezeit:** 1 1/2 bis 2 Stunden

Variante Sie können den Käse auch nur aus Cashewkernen herstellen, dann ist er ein wenig milder im Geschmack.
Wenn Sie keinen Bärlauch mögen, können Sie stattdessen die Form vor dem Einfüllen der Masse mit bunten Pfefferkörnern ausstreuen und den Teig daraufpressen. Nach dem Stürzen sieht es sehr schön aus, wenn die Oberläche mit den bunten Körnern bedeckt ist.

Granatapfelsuppe mit Mangonocken

Rot-gelber Genuss

Für 2 Portionen
1 vollreife Mango · 2 cm frische Ingwerwurzel
1 TL Rosenwasser (Apotheke) · 1 Prise gemahlener Kardamom

Für die Suppe:
1 schöner, reifer Granatapfel · Saft von 1/2 Zitrone
1 TL Honig (nach Belieben auch mehr)
2 Gewürznelken · 1/4 l Eiswasser

Ausserdem:
1 kräftige Prise gemahlener Zimt

1 Mango schälen und das Fruchtfleisch vom Stein schneiden. Den Ingwer schälen und klein schneiden. Mango und Ingwer mit Rosenwasser sowie Kardamom im Mixer fein pürieren.
2 Das Mangomark in eine flache Schale füllen, mit Klarsichtfolie bedecken und für 2 Stunden in das Gefrierfach stellen.
3 Kurz bevor Sie das Mangomark aus dem Gefrierschrank nehmen, den Granatapfel vierteln und die Kerne herauslösen. Die Granatapfelkerne mit Zitronensaft, Honig, Gewürznelken und Eiswasser vermischen und im Mixer kräftig pürieren.
4 Die Granatapfelsuppe in zwei tiefe Teller füllen. Vom Mangomark mit zwei Esslöffeln – diese zwischendurch immer wieder in heißes Wasser tauchen – kleine Nocken abstechen, in die Suppe gleiten lassen und alles mit Zimt bestäuben.

Zubereitungszeit: 30 Minuten + **Kühlzeit:** 2 Stunden

Profitipp Zum Abschluss eines Menüs muss es nicht immer nur süß sein: Dieses Dessert besticht durch seine kräftige Würze und ist obendrein sehr erfrischend.

Wissenswertes Die Granatapfelsuppe erinnert an das ägyptische Rezept für Asser Roman, einen Granatapfeltrunk, dem – vielleicht aufgrund seiner kräftig roten Farbe – aphrodisische Wirkung nachgesagt wurde und wird. Das Getränk ist in Ägypten heute noch so populär, wie zu Kleopatras Zeiten ...

Süsse Rohkost-Leckereien und Desserts

Orangen-Passionsfrucht-Halbgefrorenens

ERFRISCHENDES DESSERT

FÜR 2 PORTIONEN
2–3 Passionsfrüchte
1 unbehandelte Orange
Saft von ¼ Zitrone
1 TL Honig
1 Msp. gemahlener Zimt

FÜR DIE GARNITUR:
1 Kumquat
4 frische Minzeblättchen

1 Die Passionsfrüchte halbieren und das Fruchtfleisch herauslöffeln. Die Orange heiß waschen, abtrocknen, halbieren, den Saft auspressen und die Schalenhälften beiseite legen.
2 Passionsfruchtfleisch mit dem Orangen- und Zitronensaft sowie dem Honig gut vermischen, mit Zimt würzen und alles in die Schalenhälften verteilen. Die gefüllten Orangenschalen für mindestens 1 Stunde ins Gefrierfach stellen.
3 Vor dem Servieren die Kumquat heiß waschen, trockenreiben und halbieren. Das Halbgefrorene mit jeweils einer Kumquathälfte und frischen Minzeblättchen garnieren.

ZUBEREITUNGSZEIT: 20 MINUTEN + KÜHLZEIT: MINDESTENS 1 STUNDE

VARIANTE Das Halbgefrorene mit einer Mandelcreme servieren. Dazu 150 ml Wasser mit 1 EL Honig und 1–1 ½ EL Mandelmus im Mixer cremig aufschlagen.

WISSENSWERTES Die Passionsfrucht hat ihren Namen von den herrlichen Blüten, deren Stempel und Staubgefäße optisch an die Dornenkrone und das Kreuz Christi erinnern.
Kumquats, auch Zwergorange oder japanische Orange genannt, sind winzige, würzig-süße Zitrusfrüchte mit dünner Schale, die mitgegessen werden kann.

Zitrussalat mit Datteln und Feigen

FRUCHTIG-PIKANT

FÜR 2 PORTIONEN
2 getrocknete Feigen
4 getrocknete Datteln
2 Orangen
1 rosa Grapefruit
½ Pomelo
5 Stängel Koriandergrün
1 TL Honig
1 Msp. gemahlener Zimt
1 Msp. gemahlener Anis
schwarzer Pfeffer
50 g gehackte Cashewkerne

1 Die Feigen und Datteln etwa 2 Stunden in lauwarmem Wasser einweichen. Danach die Orangen, die Grapefruit sowie die Pomelo schälen, dabei überall die weiße Haut mit entfernen und die Zitrusfilets auslösen.
2 Das Koriandergrün waschen, trockenschütteln, die Blättchen abzupfen und grob hacken. Die eingeweichten Feigen und Datteln mit etwas Einweichwasser, Honig, Zimt, Anis und Pfeffer vermischen. Alles mit den Zitrusfilets locker vermengen und auf zwei Tellern anrichten. Mit Koriandergrün und den gehackten Cashewkernen bestreuen.

ZUBEREITUNGSZEIT: 30 MINUTEN + EINWEICHZEIT: ETWA 2 STUNDEN

VARIANTE Sie können die eingeweichten Früchte auch zusammen mit einem Schuss Apfelessig und 1 EL Olivenöl im Küchenmixer zu einer sämigen Sauce pürieren – je nach Zeit und Lust.

WISSENSWERTES Trockenfrüchte spielen in der Rohkostküche eine große Rolle. Nicht zuletzt, weil man aus ihnen viel Aroma und Fruchtsüße für leckere Desserts oder süß-pikante Salatsaucen ziehen kann.

SÜSSE ROHKOST-LECKEREIEN UND DESSERTS

Anhang

Menü-Vorschläge

Treiben Sie es so richtig kunterbunt mit den hier vorgeschlagenen Menüs und überraschen Sie Ihre Familie und Gäste mit Rohkost vom Feinsten.

Aus der Vielzahl der Rezepte in diesem Buch lassen sich natürlich unendlich viele Menüs für jeden Anlass und jede Jahreszeit zusammenstellen – nehmen Sie unsere Vorschläge als Anregung und lassen Sie Ihrer Fantasie freien Lauf!

Als Auftakt für ein feines Menü empfehlen sich köstliche Drinks. Neben den hier als Aperitif vorgeschlagenen Getränken kommen auch andere leckere Mixturen als Menüauftakt in Frage: so etwa der Tomaten-Bananen-Trunk (Seite 16), der Kokos-Frucht-Punch (Seite 24) oder auch ein Roter Smoothy (Seite 25).

Das Auge isst mit! Dekorieren Sie den Esstisch zum Beispiel mit exotischen oder heimischen Früchten oder stecken Sie Stangensellerie und Kräuterbüschel in schöne Gläser. Rund um die Teller verschiedene Nüsse und Kerne, beispielsweise ungeschälte Erdnüsse oder Sonnenblumenkerne, als essbare Dekoration streuen. Je nach Jahreszeit können Sie für die Teller auch Untersetzer aus frischem Gras, Blumen oder Blättern formen.

Die passenden Weinempfehlungen zu den Menüs stammen von dem Berliner Weinexperten Dirk Gießelmann. Seine Vorschläge harmonieren ausgezeichnet mit Rohkost.

FRÜHLINGS-MENÜ

Aperitif
Ananas-Powermix (Seite 16)

Vorspeise
Champignons in Blütendip (Seite 36)
oder
Spargelsalat mit Orangendressing (Seite 66)

Hauptgang
Grüne Burger mit Senf-Dill-Sauce (Seite 87)

Dessert
Apfelspalten mit Bananencreme (Seite 114)

Weinempfehlung
Zur Vorspeise: Leichter Viura aus Spanien
Zum Hauptgang: Gekühlter junger Beaujolais oder ein Merlot aus dem Roussillon
Zum Dessert: Halbtrockener deutscher Sekt

SOMMER-MENÜ

Aperitif
Beeren-Cocktail (Seite 24)

Vorspeise
Melonensüppchen (Seite 21)
oder
Brokkolisüppchen mit Limette (Seite 27)

Hauptgang
Aromatisierte Kirschtomaten auf Süßmais (Seite 88)

Dessert
Pfirsichkompott mit Pflaumen (Seite 121)

Weinempfehlung
Zur Vorspeise und zum Hauptgang: Badischer Weißburgunder
Zum Dessert: Gut gekühlter halbtrockener Sherry, etwa 8 °C

Herbst-Menü

Aperitif
Ingwer-Frucht-Saft (Seite 25)

Vorspeise
Rote Bete mit Hokkaido (Seite 70)
oder
Scharfer Kürbissalat (Seite 62)

Hauptgang
Wirsing-Täschchen auf Tomatensauce (Seite 88)

Dessert
Nussige Weizenplätzchen mit Carob-Creme (Seiten 112, 113)

Weinempfehlung
Zur Vorspeise: Zur Roten Bete ein milder Rosé aus der Provence;
zum Kürbissalat ein gelber Muskateller trocken aus Österreich
Zum Hauptgang: der gleiche Wein wie zum Kürbissalat
Zum Dessert: Rheingau-Riesling Spätlese trocken

Winter-Menü

Aperitif
Pitahaya-Mango-Drink (Seite 18)

Vorspeise
Orientalische Möhren (Seite 95)
oder
Weißkohlstreifen mit Szechuan-Pfeffer (Seite 60)

Hauptgang
Paprikahälften mit Schwarzwurzel-Füllung (Seite 102)

Dessert
Süß-scharfe Nusspaste auf Mangotalern (Seite 118)

Weinempfehlung
Zur Vorspeise: Zu den Möhren ein leichter Chianti, ein wenig gekühlt, etwa 16 °C;
zu den Weißkohlstreifen ein halbtrockener Riesling aus Rheinhessen
Zum Hauptgang: Ebenfalls der halbtrockene Riesling
Zum Dessert: Ein lieblicher Madeira

Blitzmenü – schnell zubereitet

Aperitif
Dschungel-König-Mix (Seite 20)

Vorspeise
Tomaten-Oliven-Salat (Seite 64)
oder
Koreanischer Rettichsalat (Seite 77)

Hauptgang
Gefüllte Avocado mit Mandel-Honig-Sauce (Seite 90)

Dessert
Ingwer-Melonen-Kugeln (Seite 116)

Weinempfehlung
Zur Vorspeise: Zum Tomaten-Oliven-Salat ein leichter Rotwein aus dem Rhonetal, etwa 14 °C;
den Koreanischen Rettichsalat ohne Wein genießen
Zum Hauptgang: Ein Chardonnay aus Kalifornien
Zum Dessert: Mosel-Riesling Spätlese

Festliches Menü

Aperitif
Stachelbeertrunk mit Ingwer (Seite 14)

Vorspeise
Maki-Sushi mit Dinkel-Sauerkraut (Seite 100)
oder
Pilz-Carpaccio mit Limette (Seite 98)

Hauptgang
Zucchini-Tomaten-Terrine mit Wasabisauce (Seite 84)

Dessert
Fruchtiger Nusskuchen (Seite 118)

Weinempfehlung
Zur Vorspeise: Halbtrockener Rheingau- oder Mosel-Riesling
Zum Hauptgang: Ein Pinot blanc aus dem Elsass
Zum Dessert: Gekühlter Portwein, etwa 10 °C

Glossar

Dieser Wegweiser durch Gemüsegärten, Felder, Wiesen und Gewürztruhen soll Ihnen Appetit auf aufregend-köstliche Rohkost-Genüsse machen, gleichzeitig aber auch als Anregung für Ihre Speisekarte dienen – und Sie zu eigenen, neuen Rezepten inspirieren.

Die nachfolgend beschriebenen Zutaten wurden alle in diesem Buch verwendet. Eine Art Vollständigkeit sämtlicher Zutaten für die Rohkostküche ist jedoch nicht gewährleistet. Wir haben aber quer durch die Welt der Früchte, Gemüse, Nüsse, Samen, Keimlinge und Gewürze viel geschnuppert, ausprobiert, gekostet, geschwelgt und genüsslich gegessen und auf diese Weise eine enorme Vielfalt zusammengetragen.

Natürlich ist bei Früchten und Gemüsen stets auf die Saison zu achten – manche Zutaten bekommt man nicht immer – saisonale Ersatzprodukte oder auch regionale Varianten gibt es zu Genüge. Bei den meisten Rezepten sind die verwendeten Zutaten schon kurz vorgestellt.

GEMÜSE, PILZE UND SALATE

Algen beinhalten wichtige Mineralstoffe wie Magnesium, Mangan und Jod. Sie sind äußerst kalorienarm und spätestens seit „europäischen Sushi-Zeiten" hat sie bestimmt jeder schon gegessen. Die bekanntesten Sorten sind Kombu, Hiziki, Wakame und Nori. Für die Verwendung in einem Salat beispielsweise Wakame waschen, klein schneiden und untermengen oder als Garnitur über den Salat streuen.

Artischocke, essbare Blüte der distelartigen Artischockenpflanze, insbesondere im Mittelmeerraum eine Spezialität.

Bambussschösslinge, meist in Dosen erhältlich. Besser frisch im Asienladen kaufen.

Blumenkohl, feinblättrig gehobelt, in Röschen zerteilt oder püriert – die Möglichkeiten der Verwendung sind groß.

Brokkoli, die grüne Schwester des Blumenkohls, ist roh in ganzen Röschen, fein gehobelt oder auch püriert sehr lecker.

Champignons, weiß oder braun, schmecken feinblättrig im Salat, gefüllt mit Allerlei oder fein gehackt in einer Sauce.

Chicorée ist eine feine Salatzutat, die Blätter sind jedoch auch als Unterlage für unterschiedliche Beläge prädestiniert. Bei neueren Sorten ist der leicht bittere Geschmack weitgehend weggezüchtet worden. Roter Chicorée ist roh am besten zu verzehren, denn beim Garen verliert er seine schöne rote Farbe.

Chilischote, frisch oder getrocknet, würzt sie pikante, aber auch fruchtige Salate, Suppen, Saucen, Dips und Füllungen. Wer es weniger scharf liebt, entfernt die Kerne.

Chinakohl ist dank seines Geschmacks und des knackigen Genusses ein beständiger Begleiter in der Rohkostküche. Er ist aber auch sonst vielseitig verwendbar: roh, blanchiert, gebraten, gedünstet, gerollt und gefüllt. Er ist das ganze Jahr über in guter Qualität zu bekommen.

Eisbergsalat mit den knackigen Blättern lässt sich rollen, belegen oder, in Streifen geschnitten, unter einen Salat mengen.

Endivie, Zuckerhut und **Löwenzahn** sind veredelte Formen der Zichorie. Bei Endivien gibt es die Glatte Endivie und die feinere Krause Endivie, auch als **Friseésalat** bekannt. Zuckerhut ist winterfest, schmeckt etwas rustikaler als Endivie und ist meist nur auf Wochen- oder Bauernmärkten zu bekommen. Besonders die jungen Löwenzahnblätter sind ein Genuss. Entweder selbst auf sauberen und ungedüngten Plätzen sammeln oder auf Wochenmärkten kaufen.

Feldsalat, Rapunzel-, Acker- oder Nüsslisalat, steht vor allem im Winter und im zeitigen Frühjahr auf der Speisekarte.

Fenchel schmeckt angenehm nach Anis und ist im Salat oder zum Dippen ein hervorragender Partner. Das Kraut zum Würzen verwenden.

Ingwerwurzel, heutzutage frisch in fast allen Geschäften erhältlich, ist fester Bestandteil vieler asiatischer Gerichte und wird besonders von jenen bevorzugt, die keine Zwiebeln oder Knoblauch mögen.

Kohlrabi ist für Rohköstler ein absolutes „Gerne-Muss": Geraspelt, gewürfelt, in Stangen oder in Scheiben geschnitten schmeckt dieses Gemüse einfach klasse.

Kopfsalat – der Klassiker – ist sehr beliebt. Varianten beziehungsweise andere Blattsalate sind **Eichblattsalat, Bataviasalat, Romana-Salat** und wildwachsender **Lattich.**

Kürbis – viele Sorten locken während der Herbstsaison, in der Rohkost begehrt sind vor allem die Sorten Butternut und Hokkaido.

Maiskölbchen, frisch vom Asialaden, oder frische Gemüsemaiskörner machen Salate, Suppen oder Füllungen nussiger im Geschmack.

Meerrettich wird geschält und fein gehobelt, geraspelt oder fein gehackt. Er ist ideal als Garnitur oder als Aromat in einer Sauce oder Suppe. Mit der Menge sollte man aufgrund seiner Schärfe nicht übertreiben.

Paksoi, Pak choi, auch als chinesischer Senfkohl bekannt, wird gerne mit Mangold verglichen. In Streifen geschnitten, ist er in asiatisch gewürzten Salaten sehr gut aufgehoben.

Paprikaschote, gelb, grün, rot, violett oder weiß? In Streifen geschnitten zum Dippen, halbiert und gefüllt oder in einem bunten Salat sind die Schoten wahre Vitamin-C-Bomben.

Portulak, würzige Gemüsepflanze, die in jüngster Zeit als Salat wieder entdeckt wurde und Karriere macht.

Radicchio gibt es in kugeligen und länglichen Ausführungen. Die dunkel- bis hellroten oder gelbgrünen, rot gesprenkelten Blätter sind würzig-aromatisch, mit etwas Öl weniger bitter.

Rettich und **Radieschen** sind geraspelt prädestiniert für Rohkostsalate. **Japanischer Riesenrettich** ist mild im Geschmack und schmeckt ganz anders als unsere üblicherweise eher scharfen Rettichsorten.

Romanesco, auch Türmchen- oder Minarettkohl genannt, ist eine grüne Blumenkohlsorte mit sehr würzigem Geschmack.

Rote Bete, fein geraspelt, in Streifen geschnitten oder püriert, eignet sich für Salate, Suppen oder Saucen.

Rucola, zu deutsch Salatrauke, schmeckt ob seines nussig-würzigen Geschmacks zu allem: Ob in der Suppe püriert oder gemischt mit anderen Salatsorten.

Salatgurke ist ganzjährig überall im Angebot. Sie schmeckt besonders lecker in Kombination mit Borretsch, Dill, Schnittlauch, Minze und Koriandergrün. Alle Gurken, ob Schmor-, Gärtner- oder Bittergurken, besitzen einen leicht herb-bitteren Geschmack. Nach dem Salzen verliert sich diese leichte Bitterkeit jedoch.

Sauerampfer, wildwachsend oder gezüchtet, wird wie Spinat oder **Mangold** verarbeitet.

Sauerkraut, natürlich vergorener Weißkohl mit vielen wichtigen Vitaminen.

Shiitake-Pilze sind entweder roh oder getrocknet im Angebot und vor allem roh gute Salatpartner. Die zähen Stiele werden in der Regel entfernt und nur die Hüte verwendet.

Sojasprossen gibt es zwar eingelegt und konserviert, in der Rohkostküche sollten sie jedoch unbedingt frisch verwendet werden.

Spargel, ob weiß, grün oder violett, eignet sich gut für die Rohkost-Ernährung. Grüner Spargel braucht nicht geschält zu werden und weist die meisten Inhaltsstoffe auf.

Spinat – die nussigen, jungen Blättchen des Frühspinats sind ideal in der Rohkostküche.

Staudensellerie, Stangen- oder Bleichsellerie, ist zarter als **Knollensellerie**; beide Sorten sind jedoch ideal zum Dippen.

Strohpilze, wohlschmeckende Pilze aus Asien, die getrocknet oder konserviert in Dosen bei uns erhältlich sind.

Teltower Rübchen, kleine, milde weiße Rübchen. Unbedingt in der Saison geniessen, ob geraspelt oder klein geschnitten.

Tomate, ob länglich, rund oder eierförmig, ob klein oder groß: Die Auswahl für dieses Multitalent ist riesengroß.

Wasserkastanie – sie schmeckt nussig, leicht wässrig, aber doch sehr würzig. In Scheibchen geschnitten für Salate, Füllungen und Dips zu empfehlen. Meist nur konserviert in Dosen im Asienladen erhältlich.

Weißkohl, Spitzkohl und **Rotkohl** fein raspeln oder hobeln und schon ist eine feine Salatgrundlage geschaffen.

Wildkräuter wie **Brennnessel** und **Löwenzahn** gibt es auch in kultivierter Form auf Bauern- und Wochenmärkten. In der Saison im Frühjahr und Sommer unbedingt probieren.

Wirsing ist ein beliebtes Gemüse, das, in feine Streifen geschnitten oder gerollt und mit einer Füllung versehen, ideal in der Rohkostküche ist.

Wurzelgemüse, im Bund sortiert als „Suppengemüse" (Lauch, Knollensellerie, Möhre, Petersilienwurzel), einfach in hauchdünne Streifen oder Scheiben schneiden oder raspeln – eine gute Basis für einen Rohkostsalat.

Zucchini, ob gelb oder grün, gerne mit Blüte, ideal zum Hobeln, Raspeln oder Füllen.

Zwiebelgewächse wie weiße und rote **Zwiebeln, Frühlingszwiebeln, Schalotten** und **Knoblauch** machen sich klein gewürfelt gut in der Salatsauce oder in einer Marinade. Milde Sorten schmecken, in feine Streifen geschnitten, auch im Salat.

Früchte

Apfel, in unzähligen Sorten angeboten, ob in Scheiben oder Spalten geschnitten, püriert oder geraspelt, ist ideal für die Rohkostküche.

Avocado, reich an essentiellen Fettsäuren, die besonders gesund sind. Daher ist sie trotz des hohen Kaloriengehalts empfehlenswert.

Banane und **Babybanane** passen gut in Salate oder Desserts, püriert hervorragend in Saucen oder Drinks.

Beeren, von Himbeeren, Johannisbeeren, Stachelbeeren, Brombeeren bis hin zu Blaubeeren, sind ein fruchtiges Sommervergnügen. Sie lassen sich vielseitig in der Rohkost verwenden.

Dattel, ob roh oder getrocknet, ist in der Rohkostküche sehr beliebt.

Erdbeere passt einfach immer – auch in pikante Salate – oder einfach zum Naschen.

Exotische Früchte nach Angebot aussuchen: Von Ananas, Curuba, Feige, Granatapfel, Kiwi, Kumquat, Kokosnuss, Litchi, Mango, Papaya, Pitahaya, Physalis bis zur Sharonfrucht reicht die Palette. Passen auch zu pikanten Gerichten.

Getrocknete Früchte wie Äpfel, Birnen, Datteln, Aprikosen, Pflaumen oder exotische Früchte sind gute Süßungsmittel. Dazu die Trockenfrüchte einweichen oder einfach fein schneiden, je nach Gericht.

Kirsche steht als Süß- und Sauerkirsche saisonal zur Auswahl.

Melone ist erfrischend im Geschmack, saftig und kalorienarm. Etliche Sorten Zucker- und Wassermelonen stehen zur Auswahl.

Oliven, ob grün oder schwarz, ob gefüllt mit Mandeln oder eingelegt mit Kräutern, sind ein wichtiger Bestandteil in der Rohkostküche.

Passionsfrucht, allen voran die Maracuja, ist ganzjährig im Angebot.

Rosine ist der Oberbegriff für getrocknete Weintrauben. Man unterscheidet Korinthen und Sultaninen. Rosinen einfach natur verwenden, mitpürieren oder kurz in Flüssigkeit, etwa in Apfel- oder Multivitaminsaft, einweichen.

Weintrauben, klein oder groß, hell oder blau sind zum Naschen oder als Beigabe in Salaten und Desserts ein Hit.

Zitrusfrüchte sind alle – von Grapefruit, Sweeties, Orangen, Mandarinen, Limetten, Pomelos und Zitronen – allein oder in Kombination mit anderen Früchten und unterschiedlichem Gemüse gut im Salat oder zu Saft gepresst.

Kräuter, Gewürze & Co.

Ajowan, winzige mohnähnliche, stechendscharfe Gewürzsamen. Bevorzugt in der indischen Küche verwendet.

Annatto-Samen, Samen aus den Fruchtschalen des etwa 10 m hohen Annattobaumes. Standardgewürz in der karibischen Küche. Erhältlich als geschroteter oder zerstoßener Samen, gibt bei der Zugabe von einfachem Speiseöl den Gewürzkick. Auch als Annatto-Öl mit leuchtend oranger Färbung erhältlich.

Basilikum zählt zu den beliebtesten Kräutern, nicht nur im Mittelmeerraum, sondern auch in der indonesischen Küche, wo es bevorzugt verwendet wird. In der Rohkostküche ist das aromatische Kraut unverzichtbar.

Bindobin, pflanzliches Bindemittel, das auch kalte Speisen bindet. Es ist kalorienarm und geschmacksneutral. Erhältlich im Reformhaus von der Firma Tartex, kann von anderen Firmen anders heißen. 1 g Bindobin reicht zum Binden von 100 ml kalter Flüssigkeit, wie etwa Saft.

Carob, hellbraunes Pulver aus den Schoten des Johannisbrotbaumes. Wird zum Süßen von Desserts verwendet.

Cayennepfeffer, hergestellt aus getrockneten und pulverisierten Chilischoten. Zum Abrunden von Saucen und Dressings zu empfehlen.

Currypulver, eine Gewürzmischung bestehend aus mindestens sieben, oftmals bis zu zwanzig Gewürzen. Für Suppen, Saucen, Dips und Salate ein pikanter Gewürzkick.

Curryblätter gibt es frisch im Asienladen. Die würzig-intensiven Blättchen passen gut zu asiatischen Gerichten.

Currypasten, meist aus Thailand. Ob rot, gelb oder grün – eine Messerspitze oder ein Löffelchen einer solchen Paste reicht schon aus, um eine Sauce zu schärfen.

Delifrut, eine Gewürzmischung für süßes Würzen in der Rohkostküche. Erhältlich im Reformhaus von der Firma Brecht. Ähnliche Produkte können unter anderem Namen im Handel sein.

Dicksaft aus hundertprozentig konzentriertem Saft, beispielsweise von Äpfeln, Birnen und Mischobst, wird zum Süßen von Dressings und Desserts verwendet.

Edelhefe, Nähr- oder Melassenährhefe, ist ein Hefeextrakt mit wertvollem Hefe-Eiweiß und vielen Vitaminen ohne jeden chemischen Zusatz. Erhältlich im Reformhaus.

Fenchelsamen sind ganz oder gemahlen im Angebot. In Asienläden oftmals unter der Bezeichnung süßer Kreuzkümmel oder großer Kreuzkümmel erhältlich.

Galgant sieht aus wie frischer Ingwer und ist genauso zu verwenden. Außerhalb Asiens oft nur in pulverisierter Form erhältlich.

Garam Masala, Gewürzmischung aus Indien. Eine Variante zum Selbermischen: Gleiche Teile von gemahlenem Zimt, Nelken, Muskatnuss, Kardamom und Schwarzkümmelsamen.

GLOSSAR 133

Gomasio, im Reformhaus oder in Asienläden erhältliche Würzmischung, die aus etwa 10 Teilen Sesam und einem Teil Salz besteht.

Honig ist der natürliche Universalsüßer in der Rohkostküche. Auf das Angebot der unterschiedlichsten Honigsorten achten, von Orangenblütenhonig bis hin zu Rosenblütenhonig gibt es so ziemlich alles.

Ingwer, auch pulverisiert oder eingelegt erhältlich. Am besten ist: immer frische Ingwerwurzeln kaufen!

Kokosnussmilch oder **-paste,** auch als „Cream of Coconut" im Handel, wird aus dem Fruchtfleisch der Kokosnuss gewonnen. Darauf achten, dass sie nicht gezuckert ist. Für Saucen, Suppen und Dips zu empfehlen. Nicht zu verwechseln mit frischem Kokoswasser, das aus dem Inneren der Kokosnuss stammt.

Koriandergrün, auch als Cilantro oder chinesische Petersilie bekannt, hat einen intensiven Duft und Geschmack, der sich mit keiner anderen Kräuterart vergleichen lässt.

Kreuzkümmel oder **Cumin,** nicht mit dem gewöhnlichen Kümmel zu verwechseln. Kreuzkümmel ist in der orientalischen und asiatischen Küche sehr beliebt. In der Rohkostküche gibt dieses Gewürz oft den richtigen Aroma-Kick, zu großzügig verwendet, übertönt er jedoch leicht andere Aromen.

Lorbeer – am besten immer frische Blätter verwenden. Getrocknete Lorbeerblätter sind für Rohkost nicht geeignet.

Miso, eine Paste aus fermentierten Sojabohnen. Löffelweise zum Würzen von Saucen, Suppen und Dressings sehr beliebt.

Muskatblüte oder **Macis** ist nicht die Blüte der Muskatnuss, sondern der fleischige, karmesinrote Samenmantel. Muskatblüte ist entweder ganz oder gemahlen im Angebot.

Muskatnuss, beliebtes Gewürz in der Rohkostküche. Am besten ganze Nüsse kaufen und bei Bedarf frisch reiben.

Nussmus und **Nusspüree,** besteht zu 100 Prozent aus Nüssen und wird zur Würzung und Verfeinerung von pikanten und süßen Gerichten verwendet. Erhältlich in verschiedenen Ausführungen in Naturkostläden und im Reformhaus, meist in Portionsschälchen zu 20 g abgepackt.

Petersilie – glatte oder krause Petersilie? Reine Geschmackssache! Aber ein Topf auf dem Fensterbrett oder ein Beet im Garten mit der beliebtesten Kräuterart darf es schon sein.

Pfefferminze schmeckt nicht nur als Tee, sondern auch im Salat oder fein gehackt in einer erfrischenden Sauce.

Reformsenf, hergestellt aus Apfelessig und Honig, ist in Reformhäusern erhältlich und dient als Würzzutat für Dressings und Saucen.

Safran, ob pulverisiert oder in Fäden, gibt vielen Gerichten einen würzigen Geschmack und eine schöne Farbe.

Salz und **Pfeffer,** Grundgewürze der Küche, sind in allen möglichen Sorten und Ausführungen, auch aromatisiert mit Kräutern, erhältlich. Eine reiche Palette, die geschmacklich sehr unterschiedlich ist.

Schnittlauch – würzendes Kraut mit zwiebelähnlichem Geschmack.

Szechuan-Pfeffer, spezielle Pfefferbeeren aus der chinesischen Provinz Szechuan, vielseitig bei Suppen, Saucen und Salaten einsetzbar.

Tamari-Sojasauce ist eine natürlich fermentierte Sojasauce, die mit ihrem kräftigen Geschmack Speisen aller Art würzt. Echtes Tamari ist die Flüssigkeit, die bei der Erzeugung von Miso entsteht. Sie enthält keinen Weizen und ist daher glutenfrei.

Wasabi – sehr scharfer grüner Meerrettich aus Japan. In Asienläden als Pulver zum Anrühren mit Wasser oder in der Tube erhältlich. Für Salatsaucen und Dips geeignet.

Zimt gibt in pulverisierter Form vielen Rohkostgerichten ein wunderbares Aroma.

Zitronengras wird frisch oder pulverisiert angeboten. Eine sehr wohlschmeckende Würzpflanze, die in der asiatischen Küche mit zur Grundausstattung gehört.

Nüsse, Keimlinge, Samen

Amaranth ist kein Getreide, sondern eine getreideähnliche Pflanze. Die nahrhaften Körner sind reich an Mineralstoffen. Der hohe Proteingehalt und sowie die enthaltenen essentiellen Aminosäuren machen Amaranth zu einem wichtigen Eiweißlieferanten. Amaranth ist glutenfrei und eignet sich bei einer Allergie als Ersatz für Weizen oder Hafer. Im Bioladen erhältlich.

Keimlinge sind von allen wichtigen Samen und Körnern im Angebot oder entsprechend selbst zu ziehen: etwa Alfalfa, Kichererbsen, Radieschen, Sonnenblumen, Erbsen, Kresse, Linsen, Senf oder Rettich.

Kokosnuss eignet sich, fein geraspelt, zum Abrunden oder Andicken von Saucen und Suppen, aber auch als Garnitur von Salaten, Desserts sowie für Füllungen. Vermischt mit Wasser und ausgepresst ergeben die Raspel Kokosmilch.

Kürbiskerne bestehen aus über 35 % hochwertigem und leicht verdaulichem Eiweiß. Unbedingt zum Garnieren oder in Suppen und Saucen verwenden.

Nüsse wie **Erdnüsse, Haselnüsse, Macadamia, Cashewkerne, Mandeln, Pinienkerne, Walnüsse** oder **Paranüsse** sind Grundbestandteile und Lieblinge der Rohkosternährung. Nüsse sind auch zwischendurch pur oder gemischt zum Naschen erlaubt.

Sesamsamen, im Mörser zerstoßen oder zerrieben, sind eine nussige Geschmacksabrundung für viele Gerichte.

Studentenfutter, eine beliebte Nussmischung mit Rosinen, die auch im Salat gut schmeckt.

Sonnenblumenkerne sind mit und ohne Schale erhältlich.

Getreide

Leinsamen, **Weizen** und **Roggen**, gemahlen, geschrotet oder gekeimt, sind wertvolle Bestandteile im Muesli, zu Fruchttellern oder auch getrockneten Rohkost-Keksen und -Broten.

Essige und Öle

Essige und aromatisierte Essige sind Grundlagen für würzige Dressings oder zum Würzen von Suppen, Dips und Salaten. Im Handel sind beispielsweise gemischter Kräuteressig, Estragonessig, Petersilien- oder Basilikumessig, Zitronenthymianessig, Kirschessig, Apfelessig, Himbeeressig, Rosenessig, Aceto balsamcio, Reisessig, Dillessig, Knoblauchessig oder Chiliessig erhältlich. Ein Gewürzessig lässt sich auch gut selbst herstellen.

Unterschiedlichste Ölsorten wie zum Beispiel Distelöl, Erdnussöl, Hanföl, Haselnussöl, Kürbiskernöl, Leinöl, Macadamiaöl, Maiskeimöl, Mandelöl, Olivenöl, Pistazienöl, Rapsöl, Sesamöl, Senfsaatöl, Sojaöl, Sonnenblumenöl, Traubenkern- oder Walnussöl bieten abwechslungsreichen Genuss.

Rezept-Register

Amaranth-Fruchtmüsli 13
Ananas mit Honigsauce 51
Ananas-Powermix 16
Apfel- und Birnenspalten, belegte 86
Apfel-Carpaccio mit Rosinen 117
Apfelmus mit Bananen und Mango 120
Apfelmus, zimtiges 12
Apfelspalten mit Bananencreme 114
Apfelspalten, Zucchinipaste mit 38
Aromatisierte Kirschtomaten auf Süßmais 88
Artischockensalat 58
Asia-Salat, bunter 70
Asiatische Häppchen 32
Austernpilze mit Orangen-Kräuter-Öl 43
Avocadocreme, Teltower Rübchen mit 31
Avocado, gefüllte, mit Mandel-Honig-Sauce 90
Avocado im Mango-Rosen-Bad 94
Avocadostreifen mit Thai-Tunke 47
Babaco-Salat, süßer 68
Bananen-Apfelmus mit Mango 120
Bananen-Gurken-Mix 61
Bananen-Tomaten-Trunk 16
Bärlauchöl mit Radieschen 42
Basilikum-Tomaten auf Zucchinitalern 83
Beeren-Cocktail 24
Beeren-Marmelade, Kokosplätzchen mit 121
Beeriger Honig 113
Birnen- und Apfelspalten, belegte 86
Birnenstäbe mit Petersilienöl 39
Blumenkohl-Carpaccio mit Apfel-Rosinen 94
Blumenkohl-Mandel-Suppe mit Trüffeln 22
Blutorangen-Sweetie-Salat 116
Brennnesselsalat 77
Brokkoli mit Würzmarinade 30
Brokkolisüppchen mit Limette 27
Burger, grüne, mit Senf-Dill-Sauce 87
Carob-Creme 113
Champignonköpfe mit Olivenfüllung 91
Champignons in Blütendip 36
Chicorée mit Grapefruit 60
Chicorée mit Tomatencreme 44
Chicorée-Schiffchen 104
Chili-Mango-Salat, grüner 66
Chinakohl mit Johannisbeeren 57
Chinakohl-Wrap mit Steinpilzen 103
Cocktail mit Beeren 24
Cocktail mit sommerlichem Obst 20
Crudítées mit Brokkolidip 35
Dattelkugeln mit Haselnüssen 122
Datteln, bunter Paprikasalat mit 56
Datteln und Feigen, Zitrussalat mit 127
Drink mit roten Früchten 25
Dschungel-König-Mix 20
Eichblatt-Gemüse-Salat mit Nussdressing 57
Erdnusscreme, Kohlrabi-Doppeldecker mit 87
Erdnussdip, Möhrchen mit 40
Erdnusspaste, Orangenfilets mit 39
Exoten-Fruchtsuppe mit Kaktusfeigen 27
Exotische Früchte, Linsenkeimlinge mit 74
Exotische Früchte mit Kokosmilch 20
Feldsalat mit Shiitakepilz-Öl 56
Fenchel mit Orangenöl 50
Fenchel-Orangen mit Oliven 99
Feigencreme, Orangenscheiben mit 124
Feigen, frische, mit Koriandertunke 53
Feigen und Datteln, Zitrussalat mit 127
Früchteteller, kunterbunter 117
Fruchtige Bällchen mit Korianderdressing 91
Fruchtige Nusspralinen 124
Fruchtiger Gemüse-Becher 96
Fruchtiger Nusskuchen 118
Fruchtiges Hafer-Müsli 17
Fruchtig-nussige Chicorée-Schiffchen 104
Fruchtmüsli mit Amaranth 13
Frucht-Punch mit Kokos 24
Fruchtsaft mit Ingwer 25
Fruchttörtchen 122
Frühlingsteller 73
Gefüllte Avocado mit Mandel-Honig-Sauce 90
Gefüllte Grapefruit mit Rote Bete und Birne 82
Gefüllte Oliven mit Kürbiscreme 82
Gelbe Zucchini-Streifen mit Paprikasauce 95
Gemüse mit Olivenöl-Dip 31
Gemüse-Becher, fruchtiger 96
Gemüse-Eichblatt-Salat mit Nussdressing 57
Gemüse-Nudeln, seidige 96
Gemüsesalat mit Kichererbsenkeimlingen 65
Gemüsespieße mit Papaya 104
Gemüsestäbchen mit Brokkolidip 35
Gemüsestangen mit Minzöl 35
Getreidezöpfchen mit Kräuteröl 109
Granatapfelsuppe mit Mangonocken 125
Grapefruit, Chicorée mit 60
Grapefruit mit Olivendip 51
Grapefruit, gefüllte, mit Rote Bete und Birne 82
Grenadilla-Sauce, Mandel-Bananen mit 114
Grüne Burger mit Senf-Dill-Sauce 87
Grüner Spargel mit Kresse 50
Grüner Teller 79
Gurken-Bananen-Mix 61
Gurken-Makadamia-Topf mit Kirschtomaten 48
Hafer-Müsli, fruchtiges 17
Halbgefrorenes mit Orangen und Passionsfrucht 127
Harissa mit Maiskölbchen 32
Haselnuss-Aufstrich 106
Himbeersauce, Lollo Bionda mit 73
Hokkaido, Rote Bete mit 70
Honigsauce, Ananas mit 51
Ingwer-Frucht-Saft 25
Ingwer-Melonenkugeln 116
Ingwersauce, Mandel-Pflaumen mit 53
Jackfrucht mit Chilidip 46
Johannisbeeren, Chinakohl mit 57
Kaktusfeigen, Exoten-Fruchtsuppe mit 27
Karde mit Walnuss-Sellerie 42
Kichererbsenkeimlinge, Gemüsesalat mit 65
Kirschsüppchen mit Zucchiniblüten 22
Kirschtomaten, aromatisierte, auf Süßmais 88
Kirschtomaten, Makadamia-Gurken-Topf mit 48
Kirschtomaten, Olivenpaste in 83
Kirschtomaten, Rucola-Tässchen mit 30
Knoblauchdressing, Löwenzahnsalat mit 61
Kohlrabi mit Bananenmus 34
Kohlrabi-Doppeldecker mit Erdnusscreme 87
Kohlsalat mit Pflaumen 79
Kokos-Frucht-Punch 24
Kokosplätzchen mit Beeren-Marmelade 121
Kokosraspel, Rote-Bete-Carpaccio mit 102
Koreanischer Rettichsalat 77
Korianderdressing, fruchtige Bällchen mit 91
Koriandertunke, frische Feigen mit 53
Kornmüsli mit Früchten 12
Kräuteröl, Getreidezöpfchen mit 109
Kräuter-Orangen-Öl, Austernpilze mit 43
Kräutersauce, Möhren-Nudeln mit 99
Kresse, grüner Spargel mit 50
Kunterbunter Früchteteller 117
Kürbis mit Sanddorn 112
Kürbiscreme, gefüllte Oliven mit 82
Kürbiskerndip, Zucchini mit 34
Kürbissalat, scharfer 62
Lauchsalat mit Zitronendressing 62
Leinsamen-Cracker mit Zucchini-Püree 107
Limette, Brokkolisüppchen mit 27
Limette, Pilz-Carpaccio mit 98
Linsenkeimlinge mit exotischen Früchten 74
Lollo Bionda mit Himbeersauce 73
Löwenzahnsalat mit Knoblauchdressing 61
Maiskölbchen, Harissa mit 32
Makadamia-Gurken-Topf mit Kirschtomaten 48
Maki-Sushi mit Dinkel-Sauerkraut 100
Mandel-Bananen mit Grenadilla-Sauce 114
Mandel-Blumenkohl-Suppe mit Trüffeln 22
Mandel-Datteln, Nusskugeln mit 86
Mandel-Honig-Sauce, gefüllte Avocado mit 90
Mandel-Pflaumen mit Ingwersauce 53
Mandelplätzchen 113
Mandelsauce, Radicchio mit 48
Mandeltunke, Paksoi mit 47

Mango, Bananen-Apfelmus mit 120
Mango-Chili-Salat 66
Mangonocken, Granatapfelsuppe mit 125
Mango-Pitahaya-Drink 18
Mango-Rosen-Bad, Avocado im 94
Mangosauce, Nashi mit 43
Mangotaler mit süß-scharfer Nusspaste 118
Marinierte Paprikaschoten mit Nussfüllung 107
Marinierte Zucchiniröllchen 92
Melonenkugeln mit Ingwer 116
Melonenmus mit Papaya 17
Melonen-Orangen-Drink 14
Melonensüppchen 21
Minzöl, Gemüsestangen mit 35
Mispelsauce, Tomatenstreifen mit 46
Möhrchen mit Erdnussdip 40
Möhren, orientalische 95
Möhren-Apfel-Tasse 92
Möhren-Nudeln mit Kräutersauce 99
Nashi mit Mangosauce 43
Nussdressing, Eichblatt-Gemüse-Salat mit 57
Nussige Weizenplätzchen 112
Nussiger Kräuterdip, Staudensellerie mit 38
Nusskäse mit Bärlauchöl 125
Nusskuchen, fruchtiger 118
Nusskugeln mit Mandel-Datteln 86
Nusspralinen, fruchtige 124
Obst im Roggenschrot 13
Oliven, Fenchel-Orangen mit 99
Oliven, gefüllte, mit Kürbiscreme 82
Olivendip, Grapefruit mit 51
Olivenfüllung, Champignonköpfe mit 91
Olivenpaste in Kirschtomaten 83
Oliven-Tomaten-Salat 64
Orangen mit Fenchel und Oliven 99
Orangendressing, Spargelsalat mit 66
Orangenfilets mit Erdnusspaste 39
Orangen-Kräuter-Öl, Austernpilze mit 43
Orangen-Melonen-Drink 14
Orangenöl, Fenchel mit 50
Orangen-Passionsfrucht-Halbgefrorenes 127
Orangenscheiben mit Feigencreme 124
Orangen-Spinat-Salat 58
Orangen-Tomaten-Suppe 21
Orientalische Möhren 95
Paksoi mit Mandeltunke 47
Papaya mit Melonenmus 17
Papaya und Bambussprossen, Romana-Salat mit 74
Papaya, Gemüsespieße mit 104
Paprikahälften mit Schwarzwurzel-Füllung 102
Paprikasalat, bunter, mit Datteln 56
Paprikasauce, gelbe Zucchini-Streifen mit 95
Paprikaschoten, marinierte, mit Nussfüllung 107

Passionsfrucht-Orangen-Halbgefrorenes 127
Pepino-Tomaten-Shake 18
Petersilienöl, Birnenstäbe mit 39
Pfirsichkompott mit Pflaumen 121
Pflaumen, Kohlsalat mit 79
Pflaumen, Pfirsichkompott mit 121
Pflaumen-Weizen-Taler 106
Pilz-Carpaccio mit Limette 98
Pinzimonio 31
Pitahaya-Mango-Drink 18
Pomelosalat, bunter 68
Powermix mit Ananas 16
Radicchio mit Mandelsauce 48
Radieschen, Bärlauchöl mit 42
Rettichsalat, koreanischer 77
Rhabarber mit Banane 120
Roggenschrot, Obst mit 13
Romana-Salat mit Papaya und Bambussprossen 74
Romanesco mit Currysauce 36
Rosinen und Feigen, Wurzelsalat mit 69
Rosinen, Apfel-Carpaccio mit 117
Rote Bete mit Hokkaido 70
Rote Bete und Birne, gefüllte Grapefruit mit 82
Rote-Bete-Carpaccio mit Kokosraspel 102
Rote-Bete-Tatar 109
Roter Smoothy 25
Rotkohl mit Kirschmarinade 65
Rucola und Zuckerhut mit Tomaten und Birne 72
Rucola-Tässchen mit Kirschtomaten 30
Salat mit Artischocken 58
Salat mit Fenchel, Sellerie und Trauben 79
Salat mit Frühlingsgemüse 73
Salat mit Sauerkraut 64
Sanddorn-Kürbis 112
Sauerkrautsalat 64
Sauerkraut-Sellerie-Salat 76
Scharfer Kürbissalat 62
Schwarzwurzel-Füllung, Paprikahälften mit 102
Seidige Gemüse-Nudeln 96
Sellerie mit Avocadomus 40
Sellerie-Sauerkraut-Salat 76
Senf-Dill-Sauce, grüne Burger mit 87
Shiitakepilz-Öl, Feldsalat mit 56
Soja-Dip mit asiatischem Gemüse 32
Sommertraum-Cocktail 20
Spargel-Carpaccio auf Saucenspiegel 103
Spargelsalat mit Orangendressing 66
Spinat-Orangen-Salat 58
Spinatsalat mit Avocado 69
Sprossensalat mit Wasserkastanien 76
Stachelbeertrunk mit Ingwer 14
Staudensellerie mit nussigem Kräuterdip 38

Steinpilze, Chinakohl-Wrap mit 103
Süppchen mit Melone 21
Süßer Babaco-Salat 68
Süßmais, aromatisierte Kirschtomaten auf 88
Süß-scharfe Nusspaste auf Mangotalern 118
Sweetie-Blutorangen-Salat 116
Szechuan-Pfeffer, Weißkohlstreifen mit 60
Tatar von Roter Bete 109
Teltower Rübchen mit Avocadocreme 31
Thai-Tunke, Avocadostreifen mit 47
Tomaten und Birne, Rucola und Zuckerhut mit 72
Tomaten, Wirsing mit 72
Tomaten-Bananen-Trunk 16
Tomatencreme, Chicorée mit 44
Tomaten-Oliven-Salat 64
Tomaten-Orangen-Suppe 21
Tomaten-Pepino-Shake 18
Tomatensauce, grüne Zucchini-Spaghetti mit 98
Tomatensauce, Wirsing-Täschchen auf 88
Tomatenstreifen mit Mispelsauce 46
Tomaten-Zucchini-Terrine mit Wasabisauce 84
Törtchen mit Früchten 122
Trüffeln, Mandel-Blumenkohl-Suppe mit 22
Vitamin-Tasse 92
Walnuss-Sellerie mit Karde 42
Wasabisauce, Zucchini-Tomaten-Terrine mit 84
Wasserkastanien, Sprossensalat mit 76
Weißkohlstreifen mit Szechuan-Pfeffer 60
Weizen-Pflaumen-Taler 106
Weizenplätzchen, nussige 112
Wirsing mit Tomaten 72
Wirsing-Täschchen auf Tomatensauce 88
Wurzelsalat mit Rosinen und Feigen 69
Würziger Dip mit Brokkoli 30
Zarte Brennnesseln mit Begleitern 77
Zimtiges Apfelmus 12
Zitronendressing, Lauchsalat mit 62
Zitrussalat mit Datteln und Feigen 127
Zucchini mit Hummus 44
Zucchini mit Kürbiskerndip 34
Zucchiniblüten, Kirschsüppchen mit 22
Zucchinipaste mit Apfelspalten 38
Zucchini-Püree, Leinsamen-Cracker mit 107
Zucchiniröllchen, marinierte 92
Zucchini-Scheibchen mit würzigem Kräuterdressing 90
Zucchini-Spaghetti, grüne, mit Tomatensauce 98
Zucchini-Streifen, gelbe, mit Paprikasauce 95
Zucchinitaler mit Basilikum-Tomaten 83
Zucchini-Tomaten-Terrine mit Wasabisauce 84
Zuckerhut mit Tomaten und Birne, Rucola und 72

Die Autorin:
Rose Marie Donhauser ist gelernte Köchin und arbeitet nebenbei als Gastro-Kritikerin. Ideen und Anregungen holt sie sich auf ihren zahlreichen (Gourmet-)Reisen und bei ihrer Arbeit als Restauranttesterin. Rose Marie Donhauser ist Mitglied im FEC (Food Editor Club) und zählt mit inzwischen über 70 veröffentlichten Büchern zu den erfolgreichsten deutschen Kochbuchautorinnen. Für ihre Arbeiten erhielt sie bereits mehrere internationale Auszeichnungen.

Das Foto-Team:
Martina Görlach ist seit vielen Jahren Mitglied im Team Eising-FoodPhotography in München. Nach ihrem Kunstgeschichte-Studium und einer Ausbildung zur Glasmalerin wechselte sie schließlich zur Foodfotografie, nachdem sie zuvor als Stylistin gearbeitet hat. Ihr typischer, frischer Stil macht ihre Fotos zu einem wahren Augenschmaus.

Michael Koch absolvierte eine Ausbildung zum Koch und durchlief anschließend Berufsstationen in erstklassigen Häusern. Vor einigen Jahren machte er sich selbständig als freier Foodstylist, Caterer und „rent-a-cook". Über seine Arbeit sagt er: „Die optische Präsentation von Rezepten und Menüs mit dem richtigen Styling, Porzellan und Ambiente spielte für mich schon immer eine große Rolle. Im Studio Eising kann ich diese Leidenschaft endlich ausleben."

Der Weinexperte:
Dirk Gießelmann, Spross der ältesten Weindynastie Berlins (sein UrUrUrUr-Großvater Simon Habel war Kellermeister bei Friedrich dem Großen), trat nach der Ausbildung zum Weinhandelsküfer und einer zweiten Lehre als Hotelkaufmann in die Familienfirma ein, bevor er sich mit seiner „Wein Compagny" selbstständig machte. Inzwischen betreibt er eine Agentur für Weinfachberatung und Weinseminare in Berlin.

Alle in diesem Buch enthaltenen Informationen und Rezepte wurden von Autoren und Verlag sorgfältig erarbeitet und überprüft. Eine Haftung kann jedoch nicht übernommen werden.

Anregungen und Hinweise sind jederzeit willkommen:
info@seehamer.de oder Postfach 61, D-83629 Weyarn
Besuchen Sie uns auch im Internet: www.seehamer.de

Das Werk einschließlich aller seiner Teile ist urheberrechtlich geschützt. Jede Verwertung außerhalb der engen Grenzen des Urheberrechtsgesetzes ist ohne Zustimmung des Verlages unzulässig und strafbar. Das gilt insbesondere für Vervielfältigungen, Übersetzungen, Mikroverfilmungen und die Einspeisung und Verarbeitung in elektronischen Systemen.

© 2005 Seehamer Verlag GmbH, Weyarn
Alle Rechte vorbehalten
Gestaltung, Satz und Redaktion: Bine Cordes, Weyarn
Fotos: Titelbild, Kapitelaufmacher auf den Seiten 10/11, 28/29, 54/55, 80/81, 110/111 und alle Rezeptfotos
Eising FoodPhotography/Martina Görlach, München;
Portrait Donhauser: TOP Magazin/Sabeth Stickforth;
alle übrigen Fotos Seehamer Verlag
Foodstyling: Eising FoodPhotography/Michael Koch, München
Lektorat: Katrin Wittmann, w & w, Füssen
Lithographie: inteca Media Service GmbH, Rosenheim
Druck und Bindung: L.E.G.O., Vicenza, Italien
ISBN 3-934058-94-9